솜솜한 인연

솜솜한 인연

이위발 산문집

문학의전당

| 작가의 말 |

이른 아침, 텃밭에 나가 잎에 묻은 흙을 털어주고, 가지를 바로 세우고, 물을 주고, 한마디 던집니다. "밤새 아무 탈 없이 있어 줘서 고마워!" 이 순간 관심이라는 단어가 스치며 입가엔 엷은 미소가 지어집니다. "헤어진 것은 헤어진 것이 아니고/버렸으나 버린 것이 아니라면/솜솜한 인연을/머리에서 지울 순 있어도/외로움은 견딜 수 없음을//겨울이 되면 가지만 남는 나무는/봄이 되면 푸른 잎과/손잡고 오겠지/내 겨울은 그 섬의 겨울보다/차라리 황홀했음을" 졸시, 「그 섬은 기억하고 있다」 중 일부입니다.

그 섬은 우리의 섬이고, 그대의 섬이기도 하고, 나의 섬이기도 합니다. 봄이 되면 푸른 잎이 손잡고 올 것이고, 나의 겨울은 그 섬의 겨울보다 황홀했음을 기억하고 싶은 고백의 마음입니다.

살면서 생각하고, 느끼고, 다시 보듬어주고, 위로받고, 다시 좋아하고, 사랑하는 것은 지극한 관심에서부터 시작됩니다. 하지만 무관심하고, 본체만체하고, 고개를 돌리고, 아무 생각 없이 바라보는 것은 사물에 대한 예의가 아닙니다. 사람에게도 마찬가지입니다. 우리가 일상을 좀 더 보람 있게, 뜻있게, 의미 있게 가지려면 바라보는 시선부터 바꾸어야 합니다. 그만큼 사람과의 관계도 사물을 보듯 관심이 중요합니다.

고추 한 포기 심어 놓고 놔두면 고추로서 역할을 하지 못합니다. 관심이란 것은 여기서부터 시작됩니다. 가지 밑에 있는 잎을 따주고, 잎에 흙이 묻으면 닦아주고, 병충해가 들면 약도 쳐주고, 가물면 물도 주고, 바람에 쓰러지지 않게 지주대를 받쳐주어야 합니다. 이런 관심이 없으면 싱싱한 고추를 따 먹을 수 없습니다.

이렇듯 우리 삶이란 사람과 사람 사이에서도 관심이 없으면 사람으로서 도리와 구실을 할 수 없습니다. 혼자서는 다 하지 못하는 것이 우리들입니다. 슬프고, 우울하고, 외롭고, 고통스럽고, 서러울 땐 누가 옆에 있어 주길 바랍니다. 이런 상황이 닥치면 사람들은 위안 받고 싶어집니다. 그 위안이 될 수 있는 것 중에 간접 체험이란 묘약이 하나 있습니다. 그 교본은 바로 책입니다. 책은 강요하지 않습니다. 충고하지도 않습니다. 있는 그대로, 원하는 대로, 느끼는 대로 전하기만 할 뿐입니다. 또한 생각의 자유까지 덤으로 줍니다. 이 책 『솜솜한 인연』이 여러분의 관심에서 벗어나지 않고 삶에 잎을 틔우는 데 밑거름이 되길 소망해 봅니다.

2025년 12월

송하시사(松霞詩舍)에서

이위발

| 차 례 |

Ⅰ. 절절한 인연

Ⅱ. 섬섬한 인연

III. 소소한 인연

Ⅳ. 고고한 인연

1. 절절한 인연

잊으려 해도 사라지지 않는 것

사라졌다. 동생이

고등학교 2학년 때였습니다. 대구 외갓집에서 학교에 다니고 있었습니다. 추석 이틀 전, 다급한 전화 연락이 왔습니다. 서울에서 아저씨가 내려와서 나를 찾는다는 것이었습니다. 식구들이 고향을 떠나 서울에 정착한 지 일 년이 채 되지 않아서입니다. 팔촌 아주머니 집에서 아저씨를 만났습니다. 일곱 살 막내가 교통사고로 죽었다는 비보를 들었습니다. 믿어지지 않았습니다. 동생의 얼굴이 떠오르면서 온몸의 살이 떨리는 듯했습니다. 어머니가 추석 준비 한다고 큰집으로 나섰던 게 화근이었습니다. 어머니는 따라오던 동생을 집으로 들어가라고 했습니다. 동생은 어머니 말을 듣지 않고 몰래 뒤를 밟으면서 따라왔던 것입니다. 서울로 이사 와서 얼마 되지 않아 집에 혼자 있기가 무서웠을 것입니다. 상도동에서 봉천동으로 올라가는 건널목에서 사고가 났습니다. 온 세상이 암흑으로 변했습니다. 모두가 제 탓 같았습니다. 성적은 곤두박질치고 끝 모를 방황은 시작되었습니다. 동생이 남진의 노래를 부르며 춤추던 모습이 선명하게 떠올랐습니다. 어머니가 늘 하시던 말씀, 막내는 너를 빼다 박았다고 했습니다. 고집도 그렇고, 욕심 많은 것도, 얼굴과 뒤통수도 너무 닮았다고 했습니다. 그 동생이 사라졌습니다. 고등학교를 졸업할 때까지 헤어 나오질 못했습니다. 일기장엔 죽음과 삶에 대한 의문들만 도배되어 있었습니다. 그해 예비고사도 떨어지고 집을 나왔습니다.

사라졌다. 희망이

이십 대 초반이었습니다. 종로 YMCA 옆에 '팬'이란 음악다방이 있었습니다. 학원가 중심지에 있었습니다. 휴식 공간이자 데이트 장소로 젊은이들로 넘쳐났습니다. 영화배우 최은희가 납북되고, 대한항공기 902편이 추락 되었던 1978년, 팝송에 미쳐 살았습니다. 팝송 백과사전 A에서 Z까지 달달 외웠습니다. 아침에 일어나 엘피판을 닦으면서 DJ 길로 들어섰습니다. 피나는 노력 끝에 이 년이 지나 메인 DJ가 되었습니다. 전국에서 잘나간다는 음악다방 사장들이 종로나 명동으로 스카우트하러 올라왔습니다. 종로, 무교동을 거쳐 부산, 원주, 문산 음악다방에서 DJ를 했습니다. 싱어송라이터 에릭 크랩튼, 레드제플린의 리드기타 지미 페이지, 야드 버즈의 제프 백, 세계 3대 기타리스트에 빠져 있을 때였습니다. 〈The Complete Led Zeppelin〉 앨범에 수록된 〈Babe I'm Gonna Leave You〉를 들으면 세상에 부러울 게 하나도 없었을 때였습니다. 집을 떠난 지 일 년이란 시간이 흘렀습니다. 내 소식을 집에 알리지도 않았는데 문산 음악다방으로 누님이 아버님을 모시고 찾아왔습니다. 누님은 눈물부터 글썽거렸습니다. 아버지는 말이 없었습니다. 자리에서 일어날 때, 아버님이 한마디 하셨습니다. "어지간하면 집에 들어온나" 일기장엔 현실에 대한 원망과 자학뿐이었습니다. 그해, 나에게 꿈이었던 음악을 접고 집으로 들어갔습니다.

사라졌다. 서른이

〈서른 즈음에〉란 김광석의 노래가 있습니다. 그즈음에 태국 방콕에서 이 년간 머문 적이 있습니다. 당시 외국에 나가 산다는 것은 여건상 쉽지 않았습니다. 우연히 알게 된 현지 여행사 전무의 소개로 가이드로 일하게 되었습니다. 남자에겐 '스왓디 캅', 여자에겐 '스왓디 카'라던 '안녕하세요' 인사말을 입에 달고 살았습니다. 방콕의 다른 이름인 '쿠룽텝' 임대아파트에

거주하면서 관광지를 다녔습니다. 태국말은 한국외국어대학교에서 출간한 교재를 들고 다니면서 배운 게 아니라 한글로 외웠습니다. 떠나기 전 부모님이 극구 반대했습니다. 하지만 비행기 표까지 몰래 예약을 해놓은 상태라 설득은 무시되었습니다. 결국 부모님 모르게 야반도주하듯 떠나왔습니다. 태국 생활은 '꼬이띠여우'라 불리던 쌀국수를 먹으면서 어머니 손칼국수가 생각났고, 말도 알아들을 수 없었던 '시암 파라곤' 영화관에 들어가 화면만 쳐다보면서 어릴 적 고향의 천막 극장의 무협영화를 떠올렸고, 재래시장인 빠뚜남 시장을 다니면서 봉천동 중앙시장을 그리워했습니다. 태국 온 지 보름 만에 아버님이 보내온 편지를 꺼내 들었습니다. 자식에 대한 걱정을 시작으로 몸조심하라는 당부의 말로 끝을 맺었습니다. 태국이 에이즈가 창궐하니 부디 행실을 똑바로 하라는 것이었습니다. 서서히 태국 사람으로 스며들기 시작할 즈음 여행사 전무가 심장마비로 죽은 후 여행사는 문을 닫았습니다. 그동안 가이드를 했던 다양한 손님들의 얼굴이 떠올랐습니다. 당시 일기장엔 그리움과 반성문으로 가득 채워졌습니다. 결국 짐을 쌌습니다. 서울 하늘이 너무나 그리웠습니다.

사라졌다. 머리가

현실 도피처로 보금자리를 마련했으나 그것은 불행의 시작이었습니다. 사랑이 없는 안식처는 현실 도피처가 되었습니다. 나로 인해 상처받는다는 것이 견딜 수가 없었습니다. 결국 집을 떠났습니다. 노량진 희망 이발소, 단골집이었습니다. 아저씨가 물었습니다. "그냥 늘 자르던 대로 자르면 되지?" "아니요, 삭발해주세요." "무슨 일 있어?" "방송국 드라마 엑스트라로 출연하게 돼서요." 거짓말이 술술 나왔습니다. 길렀던 머리가 떨어지는 것은 군대 갈 때와는 달랐습니다. 서러움이 밑바닥에서 올라와 목구멍에서 막혀 헉헉거렸습니다. 눈만 오면 고립무원이던 정선 땅으로 가기 위해 버스에 올랐습니다. 조양강 둑 근처 하숙

집에 짐을 풀었습니다. 마을 주민들의 눈빛이 수상했습니다. 교도소에서 방금 출소한 사람으로 보는 눈치였습니다. 나는 입을 다물었습니다. 주변을 인식하기 싫었습니다. 낯선 동네인 만큼 자유로워지고 싶었습니다. 하숙방에서 두드리는 타자기 소리가 늦은 밤에도 들렸습니다. 영월 금은방에서 세공하던 옆방 아저씨가 간첩으로 오해하기도 했었습니다. 라디오에서 나훈아의 〈잡초〉가 흘러나올 때 사이렌 소리가 요란스러웠습니다. 하숙집 주인아주머니가 집 나간 아저씨 넥타이로 목을 매 죽었습니다. 실려 나가는 아주머니 얼굴은 너무나 평온했고 머리카락은 탐스러워 보였습니다. 일기장엔 알 수 없는 문장들로 넘쳐났습니다. 하숙집 분위기가 견딜 수 없이 적막해서 소리 없이 빠져나왔습니다. 1993년 일기장의 언어들이 시로 발표되었습니다.

산토끼, 토끼야 어디를 갔느냐!

눈이 옵니다. 펄펄 눈이 옵니다. 동심으로 돌아가 눈 장난을 하며 뛰어놀던 유년 시절로 돌아갑니다. 아침에 일어나 눈 비비며 마당으로 나가 싸리 빗자루를 들고 길을 냅니다. 길을 낼 때 입을 다물지 못하고 옆에서 좋아 날뛰던 누렁이가 훼방을 놓곤 했습니다. 하늘에선 쉬지 않고 솜사탕 같은 눈송이가 복스럽게 내렸습니다. 잠시 쉬면서 하늘을 쳐다보고 입을 벌린 채 눈을 받아먹곤 했습니다. 지금 그렇게 하면 부모님들이 야단을 치겠지만, 그땐 그렇게 하면서 갈증을 해소하기도 했습니다. 눈만 오면 가슴 설레게 만들던 놀이가 있었습니다. 토끼가 다니던 길목에 철삿줄로 올가미를 놓아두고 아침에 그곳으로 가 잡혔는지 확인하는 거였습니다. 지금은 산토끼를 보기가 힘들지만, 그땐 그렇게 잡아도 동물보호단체에서 아무런 말을 하지 않던 때였습니다. 운수 좋은 날은 서너 마리 어깨에 둘러매고 보무도 당당히 집으로 돌아오던 기억이 생생합니다. 그날은 식구들이 둘러앉아 토끼고기로 배를 채우곤 했습니다. 보릿고개 시절이라 겨울만 되면 왠지 기분이 들뜨고, 눈만 오면 온 산천을 헤매던 시절이기도 했습니다.

며칠 전, 눈이 내리는 날 운전을 하면서 평상시와 다름없이 와룡면 이하리 왕상골에서 산매골로 넘어오던 길이었습니다. 정상쯤 왔을 때였습니다. 서치라이트에 작은 물체가 움직이는 것을 보았습니다. 브레이크를 천천히 밟으면서 움직임을 주시했습니다. 제 눈에 보이는 것은 산토끼였습니다. 몇십 년 만에 보는 산토끼였습니다. 불빛 때문에 어디로 갈지 몰라 방황

하고 있었습니다. 차를 정지시켜 놓고 잠시 지켜보고 있었습니다. 산토끼는 귀를 쫑긋 곧추세우고 두리번거리더니 산속으로 숨어 버렸습니다. 아직도 얼룩 모양의 산토끼 모습이 생생합니다.

어릴 적 눈만 오면 동네 아이들이 모여 작당을 합니다. 오늘은 뒷골로 가지 말고 장대골로 가자고 정합니다. 바로 토끼몰이를 가기 위해 모였습니다. 손에 작대기 하나씩 들고 도둑놈 잡으러 가듯이 패기만만하게 어깨에 힘을 잔뜩 넣고 말입니다. 토끼는 사실 뒷다리가 앞다리보다 훨씬 길어서 오르막엔 날쌔지만, 내리막에는 젬병입니다. 그래서 토끼몰이는 산 위에서 아래로 합니다. 모두들 모여 장대골 정상에서 소리치며 골 양쪽에서 골밑으로 달려갑니다. 한 마리도 잡지 못하고 힘만 빼다가 오는 경우가 허다했지만 우리는 눈만 오면 토끼몰이를 멈추지 못했습니다. 지금은 하고 싶어도 그런 놀이를 할 수도 없습니다. 눈만 오면 그때의 그 시절이 꿈처럼 다가옵니다.

우리들이 너무나 잘 알고 있는 구전설화에 나오는 토끼의 지혜가 떠오릅니다. 『삼국사기』 김유신 열전에 등장하는 『토끼전』의 줄거리입니다. 용왕이 병이 났는데 좋다는 약을 다 써도 낫지 않았습니다. 어느 날 도사가 나타나 육지에 사는 토끼의 간을 먹으면 나을 것이라고 했습니다. 이에 자라가 토끼의 간을 구하러 육지로 가게 됩니다. 자라는 토끼를 만나 용궁에 가면 높은 벼슬을 준다는 감언이설로 유혹합니다. 토끼는 용왕 앞에서 자기가 속았음을 깨닫고 간을 육지에 두고 왔다고 둘러대어 위기를 모면합니다. 자라와 함께 육지로 돌아온 토끼는 간을 빼놓고 다닐 수도 있냐며 자라를 비웃고 도망가 버립니다. 토끼에게 속은 자라는 육지에서 죽거나 빈손으로 용궁에 돌아가서 죽거나 매한가지라는 생각을 합니다. 하지만 자라의 정성에 감복한 도사가 나타나 용왕의 병을 고칠 수 있는 약을 자라에게 줍니다.

해석이나 표현의 차이는 있겠지만, 조선 왕조의 지배체제가 위기에 이르렀다는 것을 병든 용왕을 통해 나타냈다고 봅니다. 용왕은 자기 병을 고치려는 욕심에 무고한 백성을 속여 희생시키는 것을 예사롭게 여기는 통치자이며, 자라는 충성만을 보람으로 여기며 온갖 수모를 감수하는 우직한 신하이고, 토끼는 헛되이 벼슬에 욕심을 품었다가 지혜로 위기를 모면하는 백성으로 볼 수 있습니다. 나라가 정치적으로 어려운 시기에 토끼의 지혜로움과 꿈같은 옛 시절이 가슴에 와 닿는 눈 오는 날입니다.

첫눈이 내리는 날 안동역 앞에서

"바람에 날려버린 허무한 맹세였나/첫눈이 내리는 날 안동역 앞에서/만나자고 약속한 사람/새벽부터 오는 눈이 무릎까지 덮는데/안 오는 건지 못 오는 건지 오지 않는 사람아/안타까운 내 마음만 녹고 녹는다/기적 소리 끊어진 밤에"

2014년 7월 3일 안동역 광장에서는 〈안동역에서〉의 노래비 제막식이 있었습니다. 김병걸이 작사하고 최강산이 곡을 만들고 가수 진성이 불러 히트한 노래입니다. 고속도로 휴게소를 지날 때마다 자주 들려왔던 이 노래는 성인 인기가요 차트에서 1위를 할 정도로 사랑을 받고 있는 노래입니다. 김병걸은 안동 출신의 시인이자 유명 작사가입니다. 이 노랫말은 첫사랑과 헤어지면서 첫눈 오는 날 안동역 앞에서 만나자고 했지만 오지 않은 여인을 그리워하던 옛 추억을 노랫말로 지었다고 했습니다.

안동역은 경상북도 안동시 운흥동에 위치한 철도역입니다. 1930년 10월 15일에 개통하여 중앙선 및 영동선을 운행하는 모든 열차가 정차하고 있습니다. 올해로 88년의 기나긴 역사의 시간 속에 아직도 떠나보냄과 설렘의 상징으로 남아 있습니다. 지금은 버스터미널과 함께 송현동으로 이전하였습니다. 기차와 철길은 청춘과 희망을 싣고 가는 꿈의 전령사와도 같으며, 기차 소리만 들어도 어디론가 미지의 세계에 다가갈 것만 같은 가슴이 설레던 장소입니다.

1981년도에 발표된 소설 한 편이 아직도 기억에서 지워지지 않고 있습니다. 기차 역무원이 주인공으로 나오는 임철우 소설가의 등단 작품입니다. 1981

년《서울신문》신춘문예 소설 부문 당선 작품인「개도둑」입니다.

"역사 오른쪽 수은등 아래서 두 가닥의 레일이 선연하게 빛줄기를 반사하며 누워 있었다. 상행선 플랫폼으로 통하는 지하도 입구에 제각기 짐 꾸러미를 든 승객들이 종종걸음으로 계단을 내려가는 모습이 보였다. 무슨 까닭인지 항상 개찰이 시작되기 전부터 빽빽이 밀려들어와 기다리고 있던 사람들은 이윽고 개찰구가 열리기 무섭게 저렇듯 하나같이 줄달음질을 쳤다. 기차 시각이 촉박해서도 아니었고, 좌석이 정해져 있어도 서두르기는 매양 한가지였다. 어디론가 떠난다는 사실만으로도 그들의 마음은 조급해지는 것일까?"

지금은 사라지고 없는 당시의 안동역 매표소는 칸막이가 되어 있고 표를 주고받는 반달 모양의 창구가 있었습니다. 매표원의 얼굴을 보지 못하고 물뿌리개처럼 칸막이에 구멍을 뚫어 그곳에다 가고자 하는 역을 이야기하고 밑의 창구로 돈을 내밀고 기차표를 받았습니다.

「개도둑」에서도 “낙지발을 닮은 희고 가느다란 손, 반지를 두르고 있는 손, 짠 무마냥 누렇게 담뱃진이 박인 손, 소나무 껍질같이 거칠고 투박한 손, 그런 형형색색의 온갖 손가락들의 입에 날이면 날마다 정신없이 차표를 물려주어야 하는 게 내 직업이었다.”고 했습니다.

안동역 앞은 다방, 식당, 술집, 양품점, 사진관, 빵집, 신발 가게, 극장, 이발관, 미용실, 집창촌 등 모든 소비가 어우러진 문화의 장소였습니다. 그래서 그런지 사람들로 늘 붐비었습니다. 영양, 청송, 의성, 예천에 사는 인근 지역의 사람들이 도시로 나가거나 들어오기 위해 안동역 주변에 모였기 때문입니다.

초등학교 3학년 때의 일입니다. 당시에 언론에서 크게 보도된 사건이 안동역 앞에서 일어났습니다. 1968년 4월 18일 안동역 앞 문화극장에서 신영식 하사가 수류탄을 터뜨려 5명이 사망하고 44명이 부상당

했던 큰 사건이었습니다. 휴가를 나온 그는 애인의 변심 때문에 이성을 잃고 2~3백 명이 영화를 보던 곳에 수류탄을 투척한 것입니다. 남녀 쌍쌍이 다정하게 앉은 모습도, 즐겁게 웃어대는 사람들의 표정도 그의 눈에는 거슬리기만 했던 것입니다. 나중에 법정에서 알려진 사실이지만 그의 애인은 변심을 하지 않았고 오해 때문에 생긴 일이라고 밝혀졌습니다. 관객들이 정신을 차릴 틈도 없이 수류탄은 순식간에 터지고 말았습니다. 그 현장은 끔찍하였고 모든 신문에 대서특필되었습니다. 그런 그가 교도소에 들어가 신앙인이 되었습니다. 그는 형 집행을 얼마 앞두고 교도를 하면서 알게 된 양정신 교수에게 편지를 썼습니다. 양정신 교수는 맹인 목사이자 신학대학 교수였습니다.

"교수님, 저는 이제 며칠 안 가서 사형을 받게 됩니다. 그래서 부탁입니다마는 제 눈을 받아 주십시오, 양 교수님께 제 눈을 드리겠습니다. 그 눈이 하나님의 선한 사업을 하시는 데 다소 도움이 된다면 저는 더 바랄 것이 없겠습니다."

그 편지를 받은 양 교수는 그를 찾아와 감사의 마음을 전하면서 정중하게 제의를 사양하였습니다. 양 교수의 편지는 그의 마음에 더 큰 감동을 주었습니다.

"부족한 사람에게 눈을 주시겠다는 신영식 님의 그 크신 사랑 앞에 머리 숙여 감사를 드립니다. 그러나 저는 이미 나이가 많습니다. 죽을 날도 멀지 않은 제가 하나님의 눈을 기증받는 지나친 욕심은 하나님 앞에 부끄러운 일이 될 것입니다. 저보다 더 젊은 사람에게 광명을 찾게 해주십시오. 그래야만 그 젊은이는 나보다 더 오래 큰일을 할 수 있지 않겠습니까? 그러니 부디 나 대신 앞 못 보는 다른 젊은 사람을 찾아 눈을 주셔서 보람찬 일을 해주십시오."

그는 양 교수의 깊은 뜻에 따라 두 젊은이에게 자신의 눈을 한쪽씩 기증했습니다. 사형수가 죽은 다음에 눈이나 장기를 기증하겠다는 유언을 남기는 경우는 간혹 있었습니다. 하지만 이처럼 자신이 살아 있는 동안 눈을 기증한 사례는 없었던 일이었습니다. 신영식 하사의 사건은 안동역 역사에 한 페이지를 남길 정도로 지금도 관련검색어 맨 위에 등장합니다.

80년대까지만 하더라도 군대를 갈 땐 꼭 안동역에서 논산훈련소로 가는 기차를 탔습니다. 안동시뿐만 아니라 경북 북부지역에 연고를 둔 젊은이들은 입대를 위해 안동중앙초등학교 운동장에 집결해서 안동역에서 호송기차를 탔습니다. 입대일 하루 전에 안동에 도착하여 두려움을 달래며 배웅 온 애인과 이별의 정을 나누며 안동댐을 배회하기도 했습니다. 시내 이발소마다 머리를 밀기 위해 이발소가 성황을 이루기도 했습니다. 머리칼이 떨어지는 모습을 보면서 눈물을 흘리는 젊은이들도 수두룩했습니다. 안동역에 정차되어 있던 호송 기차에 타자마자 호송병들의 군기잡기는 시작되었습니다. 환송하고 있는 여자 친구들은 영원히 못 만날 것 같은 표정으로 손을 놓지 못한 채 눈물을 찔끔거렸습니다. 기차가 출발하자마자 호송병의 구령으로 시작된 쥐잡기는 뭔지도 모른 채 의자 밑으로 기어들어가야만 했습니다. 〈진짜 사나이〉

군가를 악으로 깡으로 부르면서 시달리다 아침이 되어서야 논산훈련소 연무대에 도착했습니다. 이렇듯 안동역 플랫폼은 이별의 장소이기도 했지만 만남의 장소이면서 돌아오는 회귀의 장소이기도 했습니다. 고향을 떠나 도시로 나가거나 다시 돌아오는 통로 역할을 했습니다.

초등학교 5학년 때의 일입니다. 당시 영양 석보의 우리 마을에서도 치맛바람이 불었습니다. 동네 친구들이 하나 둘 안동으로, 대구로, 서울로 유학을 갔습니다. 저도 부모님 등에 떠밀려 서울로 전학을 갔습니다. 서울로 올라간 지 3년 만에 적응을 못하고 중학교 2학년 때 다시 고향으로 돌아왔습니다. 그때의 일을 잊을 수가 없습니다. 아버지가 서울로 올라와 함께 청량리역에서 고향 가는 기차를 탔습니다. 당시에 고향으로 돌아갈 수밖에 없는 나는 금의환향이 아니었습니다. 하지만 고향으로 간다는 것만으로 가슴 한구석에선 쾌재를 부르고 있었습니다. 아버지 속이 어떨지는 아무런 생각이 없었습니다. 오직 고향으로 돌아간다는 생각과 나를 맞이할 어머니의 품이 너무나 그리웠던 것입니다. 안동행 완행 기차인 비둘기호는 여전히 사람들로 북적거렸습니다. 다행히 표를 끊고 탄 덕에 자리를 찾아 앉은 지 얼마 되지 않았습니다. 당시 홍익회에서 운영하던 수레가 먹을거리를 가득 싣고 지나가고 있었습니다. 아버지는 말 한마디 없이 짚에 싼 삶은 달걀 한 꾸러미를 사더니 손수 까서 내 얼굴에 디밀었습니다. 그 상황에 삶은 달걀을 겨우 집어 들고 입에 넣자마자 눈물이 쏟아져 나오는데 주체할 수가 없었습니다. 눈물을 보이기 싫어 아버지 얼굴을 쳐다볼 수가 없었습니다. 아버지의 정이 듬뿍 담긴 삶은 달걀 그 맛을 잊을 수가 없습니다. 그렇게 긴 시간 말 한마디 없다가 이하역을 지날 때쯤 가슴이 벌렁거리기 시작했습니다. 다음 역이 기다리고 기다리던 어머니 품 같았던 안동역이 마중 나와 있었기 때문입니다.

아홉을 주고 미처 주지 못한 하나

어느 날 문단 모임 자리에서 선배 시인으로부터 뜻밖의 얘기를 들었습니다.

"이 시인! 세상에 사람은 두 종류가 있는데 하나는 이득과 손해를 먼저 생각하는 사람이고, 또 하나는 옳고 그름을 먼저 생각하는 두 부류가 있네."

이야기의 결론은 사람을 만날 때 옳고 그름을 먼저 생각하는 사람을 만나라는 이야기였습니다. 그 이야기를 듣고 떠오른 것이 있었습니다. 할머니가 폐지를 싣고 가다가 건널목에서 폐지가 쏟아졌을 때 그냥 지나치는 사람과 폐지를 주워 리어카에 실어 주는 사람을 떠올렸습니다.

이런 사람은 좋은 사람이고 저런 사람은 나쁜 사람이라고 양분하는 것은 바람직하지 않습니다. 예를 든 것처럼 옳고 그름을 생각하는 사람과 폐지를 주워 주는 사람에겐 다른 DNA가 있는 것처럼 보이지만 그렇지 않습니다. 누구나 가지고 있는 사랑을 주는 것입니다. 사람과 사람 사이에 보이지 않는 힘도 바로 사랑이기 때문입니다.

인간은 평생 끊임없는 내면의 갈등을 겪으면서 살아갑니다. 어찌 보면 인생이란 크고 작은 갈등과 선택의 연속이기도 합니다. 특히 자신의 선택과 행동을 사회적 기준과 비교하면서 억제해야 하는 순간이 많이 있습니다. 사랑도 마찬가지 그런 과정을 겪게 됩니다. 그 과정에 이성적 욕망과 사회적 제약 사이의 갈등을 겪게 됩니다.

살아가면서 규범이라고 말하는 도덕이나 규칙을 강요받게 됩니다. 하지만 우리 내부에 꿈틀거리고 있는 또 하나의 요소가 있습니다. 바로 욕망과 쾌락이란 것입니다. 이성과는 구분되는 감성 영역에서 나오는 욕구입니다. 그 욕구를 제어하고 장미꽃처럼 피어나게 하는 것이 사랑입니다.

톨스토이가 깨달음으로 우리가 살아갈 이유를 찾아 쓴 작품이 바로『사람은 무엇으로 사는가』입니다.

"사람 안에 있는 사랑 때문에 살아가고 있는 것입니다. 저는 사람들이 자신에 대한 염려로 살아가는 것처럼 보이지만, 사실은 사랑 하나만으로 살고 있다는 것을 이제 깨닫게 되었습니다."

인류의 역사 이래 수많은 예술 작품들을 통해 반복되어 온 주제가 바로 '사랑'입니다. 우리가 살아가는 이유 중에서 사람들을 매료시키고 있는 이유도 여기에 있습니다. 우리가 의식하지 못해도 자연스럽게 생겨나는 감정, 누구나 가슴속에 한 송이 장미를 키우고 있습니다. 그것이 사랑이란 꽃말을 가진 장미입니다.

"알면서도 하지 못한다. 마음속에 있지만 실천하지 못한다. 표현하고 싶은데 쑥스럽다."

그런 사랑을 밖으로 내놓지 못하면 변하게 되어 있

습니다. 사랑이 왜 미움이나 슬픔으로 바뀌겠습니까. 상대에 대한 이해가 아닌, 소유하려는 아집이 존재하기 때문입니다. 이런 사랑은 쉽게 고통으로 바뀌기도 합니다.

누군가 이런 말을 했습니다.

“사랑이란 하나를 주고 하나를 바라는 게 아니다. 둘을 주고 하나를 바라는 것도 아니다. 아홉을 주고도 미처 주지 못한 하나를 안타까워하는 것이다. 결국 사람이 살면서 사랑을 주지 못하고 갈 때 가장 슬프기 때문이다.”

아버님이 돌아가신 후 가슴 밑에서 북받쳐 오르던 것이 있었습니다. 살아생전에 사랑한다는 말을 해본 기억이 없었기 때문입니다. 후회와 함께 밀려오던 그 슬픔을 아직도 잊을 수가 없습니다.

“사랑한다고 말할 시간이 많이 남은 줄 알았다. 너무 먼 길을 돌아온 우리에게 행복만이 가득할 거라며 생각했다. 그래서 표현하기보다 아끼고, 멋쩍고, 수줍은 마음에 그저 웃었다. 당신이 가고 난 후 깨달았다.”

소설 『국화꽃 향기』에 나오는 문장이 제 마음을 대신해 주고 있습니다.

치우치거나 과하거나 부족함이 없는 것

살면서 "적당히 해라!", "적당히 좀 먹어라! 체할라!" 이런 말을 자주 하거나 듣습니다. 부모님에게나 아니면 친구나 동료에게 하는 말들입니다. 어울리거나 정도에 알맞은 것이 적당한 의미입니다. 넘치지 않거나 부족하지 않거나 하는 어느 선이라고 할 수 있습니다.

하지만 청춘을 이야기하면 다릅니다. 열정과 패기가 앞서는 젊은이들에겐 적당함이 오히려 마이너스를 가져온다는 생각을 할 수 있습니다. 진취적이고 승부사적 도전이 필요할 땐 적당함보다 부족하거나 넘치거나 둘 다 경험을 해보는 것이 필요합니다.

그렇지만 한두 번은 족할지 모르나 반복은 안 됩니다. 그 화살은 자신에게 돌아와 생채기를 내게 됩니다. 그 욕망으로 인해 상처나 아픔이 되어 가슴에 남을 수도 있습니다. 그만큼 적당하게 한다는 것은 어려울 수 있지만 마음만 바꾸면 쉬울 수도 있습니다. 이것이 적당함의 묘미입니다.

살면서 적당히는 쉽지 않습니다. 샤워기 온도나, 밥을 할 때나, 술을 마시거나, 운동을 하거나, 물건을 살 때도 쉽지 않습니다. 무엇이 적당한지, 언제가 적당한지, 시행착오를 겪으면서 알아가게 됩니다. 하지만 사람의 관계만큼은 적당히가 잘 안 됩니다. 처음부터 끝까지 조심스럽게 적당함을 지켜야 하는데 조절이 안 될 때가 많습니다.

특히 부모라면 자식들 모아놓고 보탬이 된다고 하는 말들을 하게 됩니다. 하지만 아무리 좋은 이야기도 지나치면 잔소리가 되거나, 꼰대 소리를 듣거나, 하나 마나 한 이야기 되어 오히려 역효과가 날 때가 있습니다.

모든 일에 있어 적당한 선에서 멈추거나 할 때 그 선을 넘지 않는 사람은 현명하거나 지혜롭습니다. 멈추지 못하는 사람은 사고로 이어지거나 탈이 나게 됩니다. 적당함의 절제는 사랑을 품위 있게 만들기도 하지만 사랑을 오래가게 만들기도 합니다.

적당함에 내포된 적절함도 그 상황에, 그 시간에, 그 사람에게 나의 태도와 말투는 기준에 맞았는가 하는 것입니다. 마인드 컨트롤을 잘하는 사람과 그렇지 않은 사람이 있듯이, 적절하게 처신을 잘하는 사람과 그렇게 하지 못하는 사람이 있습니다. 적절함도 어렵기는 마찬가지지만 마음을 내려놓으면 해결될 수도 있습니다.

적절하다는 것은 균형 때문에 중도라고 말하기도 합니다. 균형이 있다는 것은 어느 한쪽으로 기울지 않고 많지도 적지도 않아서 평정을 유지할 수 있습니다. 적절하다는 것은 몸과 마음이 활발하고 부드러워 모든 일을 해나갈 때 능숙하게 처리할 수 있습니다. 그래서 적절한 것은 안정적인 바탕에서 발전할 수 있게 되는 것입니다.

하지만 적절함과 적당함도 세월이 흐르면서 그 뜻이 왜곡되어 쓰이기도 합니다. 앞에서 언급한 '적당히 하라'고 하는 것을 '대충 하라'는 뜻으로도 쓰이고 있기 때문입니다. 사실 적당하란 것은 중용의 뜻과 같습니다. 치우침이나 알맞거나 과하거나 부족함이 없는 것을 말합니다.

적당한 자신감, 적당한 스트레스, 적당한 기대, 적당한 좌절감, 적당한 수면, 적당한 슬픔, 모든 일에는 적당한 때가 있고, 이런 적당함이라면 살아가는 데에 있어 금상첨화라고 할 수 있습니다. 적당함이라는 것도 적적할 때 이뤄져야 적당함의 미학으로 되살아나는 것입니다.

살아 있는 것들은 하늘을 향해 있다

어릴 적 따스한 봄날, 풀밭에 누워 하늘을 쳐다보면 갖은 형상의 구름이 떠다녔습니다. 돛단배 같은 구름을 보면 저 구름을 타고 멀리 태평양을 건너가고 싶었고, 비행기 형상의 구름을 보면 우주비행사가 되어 달나라에도 가고 싶었고, 새 같은 구름을 보면 하늘로 날아가 온 나라를 여행해 보고 싶었던 그런 꿈을 꾸던 때가 있었습니다.

시골에 살아서 그런지 아침에 일어나 대문을 열면 하늘 먼저 쳐다보는 것이 습관이 되었습니다. 날씨에 따라 하늘의 형태는 변화무쌍합니다. 그런 하늘을 보고 하루의 일과가 시작됩니다. 도시에선 상상도 할 수 없는 일입니다. 한 번이라도 하늘을 쳐다보며 자신을 생각할 수 있는 여유가 없었습니다. 그동안 하늘을 잊고 땅만 쳐다보며 살았다는 회한이 떠오르기도 했습니다.

하늘은 우리를 비춰주는 영혼의 거울입니다. 사는 것이 고달프고 힘들 때 육신을 비춰주는 거울을 보듯 사람들은 하늘을 쳐다보기도 합니다. 그럴 때마다 푸른 하늘은 항상 다른 얼굴로 반깁니다. 맑은 날에는 환한 얼굴로, 비가 올 듯 흐린 날에는 잿빛 얼굴로, 두 손을 활짝 펴 따뜻하게 안아주기도 합니다. 하늘을 바라보고 있으면 무거운 마음도 가라앉습니다. 어떤 신비한 힘이 내게 닿은 듯이 삶의 중압감에서 헤어 나오게 해주기도 합니다.

우리가 아름답게 볼 수 있는 저 하늘을 돼지는 볼 수 없습니다. 돼지는 지굴성(地屈性) 동물이기 때문입니다. 오래전부터 감자와 고구마 같은 먹이를 찾아 주둥이로 땅을 파헤치며 생존하다 보니 목이 굳어진 존재가 되고 말았습니다. 돼지가 정상적으로 고개를 들 수 있는 각도는 15도입니다. 그 이상 고개를 들 수 없습니다. 돼지가 아무리 지면에서 머리를 들려고 해도 불가능합니다. 하지만 돼지도 하늘을 볼 수 있을 때가 있습니다. 돌부리에 걸려 넘어지거나 발을 헛디뎌 웅덩이에 빠졌을 때, 고개가 위로 향하게 되면 광활한 하늘 세계를 볼 수 있습니다. 그때 눈에 비친 하늘을 본 돼지는 어떤 생각을 할지 궁금합니다. 하지만 돼지는 당황하여 일어나려고만 할 것입니다.

하늘이 청명합니다. 하늘을 보면 희망이 생깁니다. 구름 한 점 없는 하늘은 고요한 호수 같습니다. 그 수면 위 존재의 풍경에서 인생의 희로애락이 비칩니다. 그래서 하늘은 많은 것을 생각나게 합니다. 윤동주 시인의 「서시」가 생각납니다.

“죽는 날까지 하늘을 우러러/한 점 부끄럼이 없기를”

이 시에서 시인의 키워드는 하늘이라고 했던 평론가의 해석이 떠오릅니다. 시인의 의식 바탕에는 항상 하늘이 잠재하고 있다는 말입니다. 시인의 시 속에 나타나는 하늘은 단순히 자연적인 창공이 아니라 사회적 정의가 구현되는 영구불변적인 하느님 나라를 암시하는 메타포라고 했습니다. 부끄러움을 자각하는 회개하는 자세라고도 했습니다.

이 시대를 사는 사람들은 현실이란 멍에를 짊어지고 살아가다 보니 하늘을 올려다볼 마음의 여유가 없습니다. 치열한 생존경쟁 속에서 소망이 욕심으로 변해 가며 하늘을 우러러 한 점 부끄러움 없이 살지 못하고 있기 때문입니다.

그대는 지금 어디로 흘러가고 있는가? 존재의 깊은 심연에서 새어 나오듯 그 소리는 스스로의 삶에 대한 질문입니다. 입을 크게 열고 숨을 길게 들이마시고 눈을 들어 하늘을 보면 영혼이 깃든 파란 하늘이 보입니다.

하늘은 지상의 인간들을 내려다보고 있습니다. 땅 위에 살아 있는 모든 것들은 영원한 하늘을 향해 서 있습니다. 사랑의 짐 하나 지고 끊임없이 하늘을 바라보는 우리들 모습이 보입니다. 하늘이 열어준 그 안에서 부끄러움 없는 정직한 삶을 살고 싶은 소망 하나를 가슴에 품고 하늘 한번 쳐다보면 좋겠습니다.

범부채가 나아가는 한 걸음 세상

나이가 들면 아침잠이 없어진다는 어르신들의 말씀을 몸소 받아들이는 시간입니다. 다섯 시 전에는 어김없이 눈이 떠집니다. 마을 어르신들이 아침부터 들에 나가 일을 하는 것도 잠이 일찍 깨기 때문입니다. 동네를 한 바퀴 돌아오면 어김없이 꽃밭에 물을 줍니다. 습관처럼 물을 주며 애정을 표시합니다. 비가 오는 날만 예외입니다. 지금 한창 꽃을 피우고 있는 설악초, 참나래, 금잔화, 맨드라미, 상사화, 범부채가 마음을 달뜨게 해주고 있습니다.

그중에 유독 제 눈길을 끄는 꽃이 있습니다. 범부채

입니다. 줄기는 곧게 서고 잎이 좌우로 가지런히 부채 모양으로 중심을 잡고 있습니다. 꽃잎이 여섯 개로 황적색 바탕에 반점이 범 가죽처럼 있다고 해서 범부채라고 합니다. '정성 어린 사랑'이란 꽃말을 가지고 있는 이 꽃은 화려하진 않습니다. 자신을 드러내며 자랑하지도 않으면서 은은하고 고고하고 기품 있는 모습 그대로 피어 있습니다. 안상학 시인의 「범부채가 길을 가는 법」이란 시가 꽃의 생을 잘 표현해 주고 있습니다.

"범부채가 한 해에 한 걸음씩 길을 간다//봄내 다리를 키우고/여름내 꽃을 베어 물고/가으내 씨를 여물게 한다/겨울이면 마침내 수의를 입고 벌판에 선다/겨우내/숱한 칼바람에 걸음을 익히고/씨방을 열어 꽃씨를 얼린다/때로 눈을 뒤집어쓴 채 까만 눈망울들 굳세게 한다."

범부채는 씨앗을 퍼트리는 방식이 다른 꽃들과 다릅니다. 바람에 의해 온 사방에 꽃씨를 퍼트리는 민들레나 개망초와 동물에 의해서 씨를 퍼트리는 짚신나

물이나 도깨비바늘도 있습니다. 봉선화나 괭이밥은 뻥튀기처럼 씨앗을 퍼뜨려 생존해 나갑니다.

범부채는 한 해에 자기 키만큼 한 뼘씩만 씨앗을 퍼트립니다. 답답하다는 생각이 앞서면서 어떻게 생존경쟁에서 살아남을 수 있을지 의구심도 듭니다. 하지만 범부채는 느림의 속도로 한발 한발 나아갑니다. 범부채의 속내엔 욕망이나 욕심보다는 내면에 대한 자신의 성찰이 앞서 있습니다.

언론에서 보도되는 여러 가지 사건 사고를 접하면서 이 사회의 문제점이 무엇이며 필요한 삶의 방법은 무엇일까 생각해 보면 그 이유는 간단합니다. 권력을 동반한 물질이 선점한 채 자신에 대한 내면적인 성찰이 없기 때문입니다.

그렇다면 우리는 어떻게 살아야 하는가? 숱한 성현들의 가르침도, 종교적인 사랑도, 부모님의 가정교육도, 학교에서 배우는 수많은 지식도 소용이 없습니다. 그 이유는 스스로 성찰을 할 줄 모르고 살아가기 때문입니다. 결국 내면에 대한 진지한 생각보다 물질과 권력이 보이는 곳으로 향하고 있기 때문입니다.

범부채의 삶의 방식이 현실에선 마음에 들지 않을 수 있습니다. 하지만 우리에겐 뚜벅뚜벅 한 걸음씩 나아가면서 내면을 키워가는 삶의 방식이 바람직할지도 모릅니다. 범부채는 꽃을 피우고 난 뒤 삶을 마무리할 때의 모습도 너무나 경이롭습니다. 다른 꽃들은 화려하게 피지만 꽃이 질 때의 모습이 추할 수도 있습니다. 특히 벚꽃은 너무나 아름답게 피지만 꽃이 지고 난 뒤의 모습은 고개를 돌리게 만듭니다. 범부채꽃은 자신의 생을 마감할 땐 꽃잎을 몸 안으로 돌돌 말아 자신을 숨기듯 한 점으로 변합니다. 그리고 난 뒤 열매가 떨어질 때 함께 땅으로 떨어집니다. 모든 것을 안으로 끌어안고 스스로 산화하듯이 꽃의 일생을 마감합니다.

가끔 자신에게 묻습니다. 내가 왜 이렇게 살지? 아니 왜 이렇게 살아야 하지? 그 누구도 시원한 대답을 해줄 순 없습니다. 하지만 한 번쯤 내면의 속삭임에 귀 기울여보면 뭔가 가슴을 치고 나가는 것이 있습니다. 어디선가 쿵 떨어지듯 가슴을 때리는 울림이 있을지도 모릅니다. 그때 그 소리는 범부채의 열매 떨어지는 소리일 수도 있습니다.

산벚나무가 던져주는 기다림의 미학

몇 년 전 식목일이 다가오자 농업기술센터에서 묘목을 무상으로 나누어 준 일이 있었습니다. 묘목은 '순결'이란 꽃말을 지니고 있는 산벚나무였습니다. 집 주변에 몇 그루 심어 놓은 후 거름도 주고 물도 주며 살뜰히 가꾸었습니다. 그런데 해가 바뀌고 또 바뀌었는데도 꽃이 피질 않았습니다. 그런 산벚나무를 보며 마음이 조급해지기 시작했습니다. 올해도 꽃이 필 기미가 보이질 않아 가지를 잘라다 산벚나무가 맞는지 물어보기로 했습니다. 설레는 마음으로 묘목 전문가를 찾아갔습니다. 나무에 대해서 여러 가지 이야길 들으면서 산벚나무에 대해서도 조금 지식을 얻게 되었습니다. 산벚나무는 꽃이 피기까지 사오 년의 시간이 걸린다고 했습니다. 나무는 잘 자랐지만 꽃나무로서 역할을 하지 못해 실망스러웠던 저는 안심이 되었습니다. 그런데 오늘 아침 집사람이 산벚나무 앞에서 달뜬 목소리로 꽃이 피었음을 알려왔습니다. 제 눈엔 띄지 않던 산벚나무가 꽃망울을 터트리고 있었습니다. 그 꽃망울이 터지기까지 사 년이란 시간이 흘렀습니다. 기다림의 미학을 그대로 보여주는 산벚나무였습니다.

산에서 자라지 않는 나무는 없습니다. 하지만 산벚나무는 '산에서 자라는 벚나무'란 뜻으로 붙여진 이름입니다. 사월 말이나 오월 초, 온 산엔 산벚나무의 꽃잔치로 봄의 싱그러움을 더욱 화사하게 만들고 있습니다. 이때쯤 보이는 숲속의 벚꽃은 대부분 산벚나무 꽃입니다.

벚나무는 모두 장미과에 속합니다. 왕벚나무, 올벚나무, 개벚나무. 섬벚나무, 꽃벚나무 등 벚나무 종류도 참 많습니다. 벚나무들의 특징 중의 하나는 아름다운 꽃을 피운다는 것입니다. 산벚나무는 잎과 꽃이 거의 같이 핍니다. 반면 다른 벚나무는 잎이 돋아나오기 전에 꽃이 먼저 피는 차이점이 있습니다.

팔만대장경판을 만든 나무가 지금까지는 자작나무로 알려져 왔으나, 전문가가 분석해 본 결과 64퍼센트가 산벚나무였다고 했습니다. 경판의 대부분을 산벚나무로 새긴 데는 그만한 이유가 있었습니다. 재질이 균일하고 너무 무르지도 단단하지도 않기 때문에 글자 새김에 최적격이었습니다. 아무리 경판 새김에 좋은 나무라고 해도 깊고 높은 산 깊숙이 꼭꼭 숨어 있다면 실효성이 없었을 겁니다. 하지만 산벚나무는 흔하기도 하지만 쉽게 찾을 수 있다는 장점을 가지고 있었습니다. 그것은 바로 나무껍질의 독특함 때문입니다. 대부분의 나무와는 달리 산벚나무는 숨구멍이 가로로 배열되어 있어서 멀리서도 다른 나무와 쉽게 구별이 가능합니다. 팔만대장경을 새길 당시엔 나라가

몽고군에게 유린당하고 있던 때였습니다. 대놓고 나무를 베어 올 수도 없을 때에 산벚나무는 몰래몰래 한 나무씩 베어 오기에 안성맞춤이었습니다.

벚꽃이 하나의 상징으로 주목받기 시작한 것은 일본 군대나 경찰에서 계급장으로 쓰이면서부터입니다. 일본인들도 중국인이나 한국인처럼 대체로 봄꽃으로 부유함과 절개를 상징하는 매화를 좋아했습니다. 하지만 일본의 사무라이들이 가장 활발하게 활동하던 15~16세기에는 벚꽃놀이를 가는 것을 문벌 귀족들의 허례허식의 잔재로 여겼습니다. 사실 근대 이전엔 벚나무를 많이 심었던 민족은 조선이었습니다. 그 이유는 벚나무가 조선이 자랑하는 활을 만드는 데 있어 매우 중요한 군수물자였기 때문이었습니다.

산벚나무의 원조격인 벚나무에 대해선 많은 말들이 오르내렸습니다. 원산지가 어딘지에 대해서 논란이 있었던 적이 있었습니다. 한때 언론에선 벚나무의 원산지가 한국이라고 알려진 적도 있었습니다. 이 논란은 1930년대에 일본인 학자의 글에서 시작되었는데, 정확히 벚나무의 원산지를 말한 것이 아니라 왕벚나무의 원산지를 말했던 것입니다. 나중에 DNA 검사 등을 통해서 한국과 일본의 왕벚나무가 서로 영향을 주고받았는지는 모르나 다른 종이라는 결론이 나왔습니다. 그 이후 벚나무의 원산지가 중국이라는 주장을 하는 등 아직도 논란은 계속되고 있습니다.

따사로운 봄날 산벚나무 옆에서 김명리 시인의 시 「산벚나무의 시간」이란 시를 음미해 봅니다. “헤아릴 수 없이 많은 산벚나무의 꽃잎 중에는/미묘하게 물소리를 내는 꽃잎들이 있다/낙담한 사람들의 애간장을 쓸어 담으려고/들릴 듯 말 듯 적요한 물소리로” 소근대듯 조용히 다가오는 산벚나무의 이야기를 듣고 싶은 날입니다.

사라진 전설이 돌아온 날

노을이 시루봉으로 사라지고 어둠 속에서도 돼지 오줌통으로 만든 공은 발에서 떨어지지 않았습니다. 마을에서 큰 마당이 있었던 이장네 집에서 쫓아낼 때까지 공을 차고 또 찼습니다. 별다른 규칙 없이 그어 놓은 칸 안으로 넣기만 하면 골로 인정하는 게임이었습니다. 공을 잡기 위해 서로 뒤엉켜 옷이 찢어져도 마냥 즐거웠습니다. 미운 놈이 있으면 일부러 태클을 걸어 넘어뜨려 놓고 돌아서서는 음흉한 미소를 흘리던 기억이 새롭게 다가옵니다. 초등학교 졸업하기 전까지 유일한 우리들의 공놀이였습니다.

중학교 들어가서야 축구라는 규칙 안에서 공을 차기 시작했습니다. 당시엔 반 대항이 있어 죽기 살기로 찼던 기억이 있습니다. 이유는 한가지였습니다. 배고픈 시절 배짱 좋은 체육 선생은 우리들의 마음을 꿰뚫고 있었습니다. 우승하는 반에 짜장면을 먹을 수 있는 호강을 주었기 때문이었습니다. 짜장면 한 그릇에 목을 걸었던 게임은 생존경쟁의 축소판처럼 너 죽고 나 살자는 식이었습니다. 하지만 게임은 무승부로 끝을 맺고 짜장면은 하늘로 날아가 버린 적도 있었습니다.

고등학교 때는 축구를 한 기억이 별로 없습니다. 쉬는 시간에도 교련 총검술을 익히던 기억, 기껏 해봐야 핸드볼 공으로 족구를 한 기억뿐입니다. 대학입시라는 굴레를 벗어나지 못했고, 쉬는 시간만 되면 담 넘어서 담배 한 대 피우고 오거나, 찐빵 한입 물고 오는 게 고작이었습니다. 몸이 근질거리면 태권도장에서 한판 붙는 게 스트레스 해소하는 유일한 돌파구였습니다. 학교 앞 태권도장을 다닐 때 K2 부대에 다니던 미국 군인과 시합하면서 쌓은 실력으로 유단자였기 때문입니다.

어느 날 학교에서 같은 반 비산동파 행동 대원이었던 똘마니와 맞짱을 뜨게 되었습니다. 시비는 당연히 똘마니가 먼저 걸었습니다. 내가 태권도를 배우고 있다는 것을 알면서 콧대를 꺾으려고 기회를 엿보고 있었던 겁니다. 점심시간에 똘마니가 걸상에 걸터앉아 동전으로 하는 짤짤이를 하고 있었습니다. 내가 지나가다 몸에 부딪히는 바람에 손에 있던 동전이 떨어진 것입니다. 그 순간 눈에 힘을 주면서 육두문자가 튀어나왔습니다. 결국 싸움은 복도로 나와 대련하는 것처럼 폼을 잔뜩 잡고 있었습니다. 그런데 똘마니가 갑자기 유리창을 깨더니 깨진 유리를 잡고는 덤벼들 기세였습니다. 하지만 태권도 유단자인 내가 똘마니한테 당하면 쪽팔리니까, 자세를 취한 채 빈틈을 노리고 있었습니다. 그 순간 똘마니가 덤벼드는 사이 이단옆차기로 얼굴을 가격했습니다. 똘마니는 바닥에 떨어지자마자 운동장으로 도망치기 시작했습니다. 교실에서 벌어진 일이라 어떤 놈이 고자질했는지 교련 선생과 학생 주임이 뛰어왔습니다. 학생 주임이 내 귀를 잡고 교무실로 끌고 갔습니다.

나는 반성문 열 장 쓰고 훈계를 받고는 학교에 나왔지만 똘마니는 일주일이 지나도 학교에 나타나지 않았습니다. 한 달이 지나서야 부모님을 대동하고 학교에 와서는 다른 학교로 전학을 가버렸습니다. 학교에서 어깨 힘주고 동네에서 주름잡던 똘마니가 한순간에 무너졌으니 낯을 들고 다닐 수가 없었을 겁니다. 옛날의 일진 같은 학생입니다. 이런 짓 하느라고 고등학교에선 축구 한번 못하고 졸업했습니다.

군대 입대하면서 축구는 다시 시작되었습니다. 군대에선 정기적으로 축구 게임을 했습니다. 체력단련 프로그램 안에 축구가 들어가 있어 무조건 해야 되는 필수 과목이었습니다. 중대 대항전은 피 튀기면서 뛸 수 밖에 없었습니다. 지게 되면 연병장에서 얼차려로 몸을 풀고는 내무반에 들어와서는 고참들이 가만 놔두지 않았습니다.

군대 축구는 악몽이었습니다. 게임을 즐기는 것이 아니라 죽기 살기였습니다. 똥볼을 차든 반칙해서 상대가 나가떨어지든 상관없이 이기면 모든 게 평화로웠습니다. 군대 축구 이야기는 여자들이 제일 듣기 싫어하는 것 중에 하나라고 하지만, 군대 축구를 피 튀기며 이야기해도 끝이 없는 것은 삶의 흔적이자 영웅담이기 때문입니다.

병장 때의 일입니다. 휴가를 나간 병사 하나가 귀대 날짜가 지났는데도 돌아오지 않았습니다. 이 병사는 우리 소대에 들어온 지 얼마 되지 않은 이등병이었습니다. 중대별 축구 시합이 한창일 때 이등병은 우리 중대의 떠오르는 태양이었습니다. 고등학교 때 축구부에 들어갔다가 아버지가 돌아가시는 바람에 축구를 포기하고 신문과 우유를 돌리면서 생계에 뛰어들었다고 했습니다. 이등병은 우리 중대가 우승하기까지 빛나는 수훈을 세우며 운동장을 휘저으며 날아다녔습니다. 우리 중대의 전설 같은 존재였습니다. 난 그런 이등병이 부러웠습니다. 그 이유는 내가 이등병의 사수였기 때문입니다. 하지만 그 감격도 잠시, 우승한 후 포상휴가를 받은 그가 귀대하지 않았습니다. 나에게까지 문책이 들어오면서 하루하루 피가 말랐습니다. 헌병대가 출동해서 체포하러 다닌다는 소리까지 들렸습니다. 소대장은 중대장에게 불려가고, 연이어 긴급회의가 열리고 어수선한 분위기가 계속 이어졌습니다. 그러던 중에 이등병이 보란 듯이 귀대 한 것입니다. 곧바로 이등병은 영창을 가고 한 달 만에 부대로 복귀했습니다. 부대 복귀하지 않은 이유는 나중에 들을 수 있었습니다. 이등병이 살던 동네 조기축구회 회장이 축구대회에 출전시키기 위해서 이등병을 포섭한 것입니다. 그동안 한 번도 우승을 해본 적이 없던 동네 조기축구회가 이등병을 통해서 우승할 목적으로 꼬드긴 것입니다. 조건은 우승 상금을 전부 이등병에게 주는 조건이었습니다. 훗날 이등병은 동네 조기축구회 회장을 맡으면서 죽는 순간까지 공을 가지고 놀았다는 소식을 들었습니다. 아직도 잊지 못하는 이등병입니다. 그런 이등병이 몇 년 전 대장암으로 세상을 떠났습니다. 장례식장, 영정 옆에는 축구공이 자리 잡고 있었습니다. 환하게 웃고 있는 이동병의 얼굴은 골을 넣었을 때 웃는 모습과 너무나 닮아 있었습니다.

Ⅱ. 섬섬한 인연

나에게 소중한 선물은 당신입니다

나태주 시인의 「선물」이라는 시 일부입니다.

"나에게 이 세상은 하루하루가 선물입니다/아침에 일어나 만나는 밝은 햇빛이며 새소리/맑은 바람이 우선 선물입니다/(중략) 저녁 하늘에 붉은 노을이 번진다 해도 부디/마음 아파하거나 너무 섭하게 생각지 마세요/나도 또한 이제는 당신에게/좋은 선물이었으면 합니다."

시인이 노래했듯이 자연과 더불어 살아가는 것에 대한 감사의 마음 또한 또 다른 의미의 선물입니다. 인생의 동반자인 그대 또한 나의 선물임과 동시에 나

또한 그대의 좋은 선물이었으면 하는 희망을 시로 표현했습니다.

사실 선물은 받는 사람이나 주는 사람에 따라 기준을 먼저 생각해야 할 것입니다. 비싼 고가의 선물이라도 받는 사람이 불편해하면 효용 가치가 없습니다. 선물의 행태도 시대에 따라 조금씩 변해 가고 있습니다. 농담 삼아 "뭐니 뭐니 해도 머니가 제일 좋더라!" 결국엔 선물 중에 돈이 최고라는 뜻입니다. 이해가 갑니다. 돈으로 본인이 원하는 것을 마음대로 할 수 있기 때문입니다.

둘째 놈이 입사 후 첫 명절이라고 선물로 용돈을 줬습니다. 정말 말로 표현하기 힘들 정도로 가슴이 뿌듯했습니다. 그동안 생일날 용돈을 아껴 조그만 선물을 사 주거나 짧은 글이지만 손 편지로 축하해 주던 아이였습니다. 하지만 이젠 부모에게 용돈을 내미는 어엿한 어른이 된 것입니다. 받은 선물을 아직 쓰지 못하고 보관하고 있습니다.

선물은 받는 사람이 갖고 싶다고 말해서 주는 것은

원하는 것을 줄 뿐입니다. 선물을 한다는 것은 예상치 못한 선물을 받았을 때 의식하지 못한 욕구를 충족시켜 주기도 합니다. 사실 돈이 선물이 될 수 없다고 주장하는 사람들도 있습니다. 돈은 선명하게 드러나는 인간의 가장 강한 욕구로 보기 때문입니다. 선물을 하려면 받는 사람을 평소에 잘 알고 있어야 하고 상당히 고심을 해봐야 합니다. 선물이 너무 비싸게 되면 뇌물이 될 수도 있기 때문입니다. '김영란 법'이 생긴 원인이 여기에 있습니다. 따라서 받는 사람이 기회가 되면 되갚을 수 있는 수준의 선물이 되어야 합니다.

선물은 불평등과 경쟁이 지배하는 자본주의 시장경제의 모순을 완화해 주는 장치로 작동하기도 합니다. 그러나 선물은 자본주의 안에 철저히 종속되어 있습니다. 생계에 지장을 주면서까지 선물을 할 수는 없습니다. 시장의 논리로 볼 때 그건 전혀 합리적인 행동이 아닙니다. 자본주의 안에서 선물이란 남은 것을 나누어 주는 행위에 한정될 수밖에 없기 때문입니다.

법 사전에는 선물에 대해서 이렇게 정의해 놓았습

니다.

'증여자에게 주는 물건을 지칭하며 증여자는 증여인으로부터 물건을 접수해야만 법적인 효력이 발생한다. 선물은 일반적인 계약이 아니므로 약인이 없는 것이다.'

즉 옵션이 없다는 것입니다.

선물이란 주는 이의 마음을 담고 있어 그것이 어떤 것이든 누가 주는 것이든 고귀한 의미가 있습니다. 또한 좋아하는 사람에게는 받기보다는 주는 것을 더 좋아하는 것이 인간의 본성이라고도 했습니다. 그러나 받는 사람이 받을 준비가 안 되어 있거나 부담스럽다거나 받기 싫어한다면, 그것은 선물이 갖는 의미가 퇴색되는 것입니다. 마음이 담긴 선물이란 받을 사람이나 주는 사람의 마음을 먼저 느낄 수 있어야 합니다.

아침에 창문을 열면 밀려오는 바람의 향기를 느끼는 것도 선물입니다. 늘 옆을 지키고 있다는 자체만으로도 고마움을 느끼는 당신도 선물입니다. 가족들이 명절날 모여 즐거운 마음으로 조상들께 예의를 갖추는 모습도 선물입니다. 설렘으로 만났다가 또다시 기다리며 아쉬움의 손을 흔들어야 하는 시간도 소중한 선물이 아닐 수 없습니다.

우물쭈물 살다가 이럴 줄 알았지

길을 가다 혼자 중얼거리는 사람을 보면 속으로 '저 사람 미친 거 아냐?'라고 생각합니다. 그 사람은 누구에게 말을 하거나 아니면 자신한테 말을 거는 겁니다. 스스로 혼자 길을 걷다 생각에 몰두하면 자신도 모르게 툭 튀어나옵니다. 쓴웃음과 함께. 지나간 상황이지만 그때 내가 왜 그런 말을 했는지, 나에게 되묻지만 이미 엎질러진 물입니다. 하지만 그다음 생각이 중요합니다. 똑같은 일이 닥치면 절대로 그렇게 하지 말아야지 하는 자신만의 의지와 신념입니다.

성찰(省察)은 자신을 반성하며 깊이 있게 되짚어 보

는 것입니다. 이기철 시인은 「그렇게 하겠습니다」에서 "내 걸어온 길 되돌아보며/나로 하여 슬퍼진 사람에게 사죄합니다/내 밟고 온 길/발에 밟힌 풀벌레에게 사죄합니다"라며 자신의 지난 일에 대해 풀벌레에게도 사죄를 합니다.

초등학교 때부터 군대 생활할 때까지 부모님에게 쓴 편지가 있습니다. 아버님이 돌아가시고 손수 모아 놓은 서류를 정리하다 내 편지를 발견했습니다. 한 장도 버리지 않으시고 차곡차곡 연도 별로 정리해 놓았습니다. 내가 쓴 편지의 대상자인 부모님은 이미 하늘나라로 가고 없지만 내 편지를 읽으면서 많이 울었습니다. 내용은 거의 다 반성이고 다짐이었습니다.

"앞으로 더 열심히 하겠다"라는 다짐과 "앞으로 그런 일은 절대 하지 않을 것"이라는 약속이었습니다. 하지만 행동으로 실천하지 못한 것들이었습니다. 아버님은 내 편지를 읽고 무슨 생각을 하셨을까 궁금했습니다. 그래도 자식의 성찰을 보고 대견해했을 것 같기도 합니다.

나도 아버지의 습성을 이어받았는지 자식들이 쓴 편지를 버리지 않고 간직하고 있습니다. 가끔 생각날 때마다 끄집어내어 읽어 보면서 미소를 머금기도 합니다. 어쩌면 이렇게도 빼다 박았는지 모르겠습니다. 아이들도 나와 똑같이 '착한 사람 될 것이고, 공부 열심히 하겠다'고 써 놨습니다. 약속을 지킨 것, 안 지킨 것은 구분이 되지만 큰 의미는 없습니다. 각자 선택한 것에 만족하며 잘 살아가고 있습니다.

몽테뉴가 수상록에서 이렇게 이야기했습니다.

"사람은 마음먹기에 따라서 행복해지기도 하고 불행해지기도 한다."라는 명문입니다. 이것이 성찰의 기본자세라고 할 수 있습니다. 나를 돌아보고 물어보는 것, 과연 내가 하는 일이 옳고, 그른지 물어보는 것, 대답은 예스가 아니어도 좋습니다. 그렇게 성찰할 수 있다는 것은 행복할 확률이 높다는 증거입니다. 반성과 다짐을 하는 것과 하지 않는 것도 마찬가지입니다. 실천이나 행동에는 큰 의미가 없습니다. 성찰했느냐에 따라 인성이나 삶의 질도 변화될 수밖에 없습니다.

출퇴근하면서 혼자 차 안에서 쑥스러워서 피식 웃으며 내가 묻고 내가 답한 적이 있습니다. '내가 왜 그렇게 말했지, 그런 말을 하면 안 되는데?' '생뚱맞게 그 자리에서 왜 그런 행동을?' 자문하면서 소리를 지르거나 반복어를 내뱉기도 했습니다. '그러면 안 되지!', '못났어, 정말!' 자성(自省)할 때가 있습니다. 이런 행위는 나이와 상관없습니다.

어느 시의 첫 문장이 떠오릅니다.

"남을 사랑하는 사람이 되고 싶었는데/남보다 나를 더 사랑하는 사람이/되고 말았다" 이렇듯 자신을 돌아보는 성찰은 시에서뿐만 아니라 죽은 후 "우물쭈물 살다가 이럴 줄 알았지"란 묘비명으로 더욱 유명해진 미국 작가 버나드 쇼도 기억이 납니다.

부모님 산소에도 묘비명이 짧게 쓰여 있습니다. 그

옆에 놓일 제 묘비명 문구입니다. "좋은 사람으로 살고 싶었으나 그렇게 살지 못했다. 미안하다."

꽃이 피고 비바람 불지 않아도

얼마 전 밭일을 마치고 정자에 쉬고 있던 옆집 몽실 할매를 만났습니다. 올 농사 이야기를 하던 중 할매 손을 보면서 유난히 곱다는 생각을 했습니다. 그런 느낌을 가지게 된 건 손톱이 봉선화 물로 발갛게 익어가고 있었기 때문입니다. 손은 주름이 겹겹이 쌓여 있지만 예쁘다는 소리에 손을 감추던 얼굴엔 홍조가 피어 올랐습니다. 어릴 적 봉선화 잎을 따서 넓은 돌 위에 올려놓고 백반을 조금 뿌리고 작은 돌로 치면 진홍빛 물기가 번져 나왔습니다. 그것을 손톱 위에 올려놓고 비닐을 덮고 실로 감싼 후 자고 나면 손톱이 발갛게

물이 들었습니다.

우리나라에서는 봉선화를 언제부터 심었는지 정확하진 않습니다. 하지만 『동국이상국집』에 "오색으로 꽃이 피고 비바람이 불지 않아도 열매가 자라 씨가 터져 나간다는 봉상화(鳳翔花)"가 언급되어 있는 점으로 보아 고려시대 이전부터 봉선화를 널리 심었던 것으로 추정됩니다. 꽃의 생김새가 마치 봉을 닮았다고 해서 봉선화라고 부릅니다.

광복절이 다가오면 떠오르는 노래가 있습니다. "울밑에 선 봉선화야 네 모양이 처량하다. 길고 긴 날 여름철에……" 일제강점기 때 민족적 정서와 애수가 담긴 홍난파 작곡의 〈봉선화〉입니다. 이 노래가 이 세상에 나오기까지의 사연이 평양방송에 소개된 적이 있었습니다. 홍난파 선생과 그의 고향인 경기도 화성군 남양면 이웃집에 살았던 '봉선'이라는 이름을 가진 처녀와의 만남과 이별에 얽힌 사연이었습니다. 홍난파 선생이 〈봉선화〉를 작곡한 후 시인 김용준이 가사를 붙였습니다.

당시 해외에서 음악 공부를 하다가 귀국한 홍난파는 서울에서 대중계몽에 이바지할 잡지를 발행했는데 자금난으로 폐간되자 우울한 심정을 안고 향촌 마을에 내려갔다고 합니다. 그사이 고향 마을은 피폐해져 있었는데 이웃집에 사는 봉선이란 처녀가 찾아와 바이올린 소리를 마지막으로 듣고 싶다고 부탁했습니다. 집이 가난해서 학교도 가지 못하던 봉선이는 홍난파에게서 글과 노래를 배웠고, 봉선이는 홍난파를 자기 오빠처럼 따랐던 것입니다. 그때 봉선이는 남달리 봉선화를 사랑했는데 해마다 자기 집 뜨락과 홍난파의 집 울타리 밑에도 봉선화를 심어 주었던 것입니다. 그러던 그녀가 열일곱 살이 되었을 때 아버지가 병으로 세상을 떠나고 살길이 막막해지자 방직공장으로 일하러 가지 않으면 안 되는 형편이었습니다. 그때 봉선이는 이별을 앞두고 홍난파를 찾아왔습니다. 홍난파는 아리랑을 연주하려고 했으나 가슴 저미는 서글픔과 서러움이 밀려오면서 새로운 곡이 떠올라 연주를 시작했습니다. 그것이 바로 우리가 즐겨 불렀던 가곡 〈봉선화〉입니다.

전해 내려오는 봉선화 설화 중에 고려 충선왕 때 몽골에서 보내온 공주보다 왕은 조비라는 여인을 더 사랑했습니다. 그래서 충선왕은 고려를 지배하던 몽골의 미움을 받아 왕위를 내놓고 몽골로 불려갔습니다. 어느 날, 충선왕은 한 소녀가 자기를 위해 가야금을 타고 있는 꿈을 꾸었는데, 그 소녀의 손가락에서 피가 뚝뚝 떨어지고 있었습니다. 꿈에서 깨어난 왕은 하도 기이하여 궁궐 안에 있는 궁녀들을 모두 조사해 보았습니다. 그랬더니 한 소녀가 손가락을 흰 헝겊으로 동여매고 있었습니다. 왕이 소녀의 신분을 물어보니 그녀는 고려에서 온 공녀인데 집이 그리워 울다가 너무 울어서 눈병이 났고, 열 손가락은 봉선화의 꽃물을 들이기 위해 헝겊으로 싼 것이라고 대답했습니다. 또한 그녀는 자기 아버지가 충선왕을 극진히 섬기는 바람에 관직에서 쫓겨나고 자신은 공녀로 오게 됐다고 했습니다. 그리고 이곳에 계시는 충선왕에게 들려주려고 오랫동안 준비한 가락이 있다고 했습니다. 그 가락은 왕께서 고국으로 돌아가라는 노래에 붙인 가야금 가락이었습니다. 왕은 그 노래에 감명하여 다시 고국으로 돌아갈 뜻을 품고, 원나라 무종이 왕위에 오를 때 크게 도와준 공으로 고려에 돌아올 수 있었습니다. 원나라에서 돌아와 다시 왕위에 오른 뒤에 그 갸륵한 소녀를 불러오려 했으나 그녀는 이미 죽은 후였습니다. 왕은 소녀의 정을 기리는 뜻에서 궁궐 뜰 앞에 봉선화를 심게 했다고 합니다.

이렇듯 봉선화는 우리들 생활 속에 깊숙이 자리한 서정적인 꽃입니다. 이맘때가 되면 꽃물 들인 소녀의 얼굴이 옆집 몽실 할매의 얼굴과 겹쳐져 봉선화 꽃으로 다가오는 그리운 계절입니다.

나를 꽃피우게 한 것은 빛과 바람이었다

매일 뒷골 농로를 따라 산책을 합니다. 이 길을 십 년 동안 걷다 보니 친숙하다 못해 정겹습니다. 낮의 온도에 고개를 숙였던 꽃들도 아침엔 보란 듯이 얼굴을 내밀고 미소 짓고 있습니다. 이 농로에 경운기가 다닐 수 있도록 포장공사를 하면서 도랑엔 U자 모양의 관을 설치해 놓았습니다. 비만 오면 진흙탕에 경운기가 빠져 헛돌기만 했던 길이었습니다. 그런데 아침마다 산책하면서 U자 관을 설치해 놓은 도랑을 들여다보게 됩니다. 매화꽃, 산수유, 쥐똥나무 꽃도 보면서 나뭇잎 사이로 반짝이는 햇살을 마주하며 걷습니다. 그렇게 걷다 보면 시선이 어느 순간 도랑으로 가게 됩니다. 오늘 아침에도 도랑에서 빠져나오지 못해 헐떡거리는 개구리를 봤습니다. 어떻게 도랑으로 들어갔는지는 모르지만 밖으로 나오려고 오르다간 떨어지고, 미끄러지기를 반복합니다. 도랑을 따라 옆으로 계속 간다면 그 긴 도랑을 언제 빠져나갈지 까마득합니다. 본능적으로 도랑 벽을 쉼 없이 타 넘고는 있지만 언젠간 죽을지도 모른다는 생각이 들었습니다. 인간의 편리성을 앞세우다 보니 개구리가 죽음으로 내몰리는 상황에 이른 것입니다. 자연을 훼손하는 것이 인간만이 할 수 있는 고유권한처럼 보입니다. 하지만 그 권한의 피해가 우리에게 돌아온다는 것을 자각하지 못하고 있는 것 같습니다.

집 주변을 맴돌던 길고양이 중에 힘없고 작은 삼색고양이가 저희 집에 머물게 되었습니다. 집사람이 '모메'라고 이름을 지어주고 살뜰하게 보살폈습니다. 암컷이라 혹시 새끼를 많이 낳으면 감당하기가 어려워 중성화 수술도 시켰습니다. '모메'가 보이지 않으면 걱

정부터 먼저 합니다. 혹시 무슨 사고를 당하지나 않았을까 하는, 부모가 자식 걱정하는 것과 같습니다.

우리나라 애견 인구도 천만 명이 넘는다고 합니다. 휴가철만 되면 피서지 주변에서 주인을 잃고 헤매는 개와 고양이들이 넘쳐난다고 합니다. 잃어버린 유기견에 대해 언론에서 문제점을 제시하고 대책을 제시하고는 있지만 근본적으로 해결되지 않는 것이 현실입니다.

세계 제일의 동물 복지를 자랑하는 독일은 반려견 관리도 아주 철저히 하고 있습니다. "동물은 인간과 동등한 피조물이다" 동물보호법 제1장 제1조처럼 독일인에게 개는 친구나 가족의 의미를 지닌다고 합니다.

출근을 하다 보면 35번 국도엔 로드킬로 인해 죽음을 맞이한 동물을 숱하게 보게 됩니다. 볼 때마다 마음이 불편했던 것이 사실입니다. 그들의 죽음을 방지할 아무런 대책이 없다는 현실 또한 답답할 뿐입니다.

이렇듯 문명의 발달과 인간의 편의성으로 인해 피해를 입는 동물들의 수난사는 현재도 진행형입니다. 친하거나, 멀거나, 약한 것이거나, 강한 것이거나 모든 생명은 다 소중합니다. 주변의 모든 것을 생명으로 본다면 세상은 더 값지고 귀한 존재들로 채워질 것입니다. 하지만 우리들의 인식은 그렇지 않은 것 같습니다.

결핍을 지닌 생명은 타자가 채워준다는 요시노 히로시의「생명은」이란 유명한 시가 있습니다.

"생명은/자기 자신만으로 완결될 수 없도록/만들어져 있는 것 같다/꽃도/암술과 수술이 갖추어져 있는 것만으로는/불충분하고/벌레나 바람이 찾아와/암술이나 수술을 중매한다/생명은/그 안에 결핍을 지니고/그것을 타자(他者)에게서 채워 받는다/(중략) 꽃이 피어 있다/바로 가까이까지/등에의 모습을 한 타자가/빛을 두르고 날아와 있다/나도 어느 때 누구를 위해서 등에였겠지/당신도 어느 때/나를 위한 바람이었는지도 모른다"

나도 한때는 누구를 위해서 '빛을 두른 등에'였고 '바람'이었을 겁니다. 누구인지 모르는 여러분들도 나를 꽃피우게 한 것이 빛이었고, 바람이었을지 모릅니다.

희망은 보이는 것이 아닌 보는 것

텔레비전을 보면서 눈물을 짓게 했던 장면이 지금도 눈에 선합니다. 금강산 이산가족 상봉에서 여든여덟 살인 북측의 리홍종 할아버지가 딸을 위해 〈애수의 소야곡〉과 〈꿈꾸는 백마강〉을 불렀을 때입니다. 사람들의 심금을 울렸던 가슴 뭉클한 장면이었습니다. 육십오 년 만에 만난 부녀간의 상봉에서 다시는 보지 못할 아버지의 음성을 노래로 녹음하기 위해서였습니다.

젊은 시절 자주 부르던 노래를 딸에게 다시 들려주기까지 육십 년이 넘는 세월을 기다려야 했습니다. 있는 힘을 다해 노래를 부르던 아버지와 눈물을 흘리면서 노래를 따라 부르던 딸의 표정에서 희망의 환희를 보았습니다. 기나긴 세월 동안 가슴에 묻어두고 상봉의 그날을 끈기로 버텨왔던 꿈이 이루어진 날이기 때문입니다. 그것은 무엇과도 비교할 수 없는 행복한 모습이었습니다.

눈앞에 보이지 않으면 사람들은 희망이 없다고 말합니다. 희망이라는 것이 쉽게 보이는 것은 아닙니다. 희망은 가장 깊숙하고 잘 보이지 않는 곳에 존재합니다.

지난여름 내내 울었던 매미 소리가 귓전을 맴돕니다. 매미는 땅속에서 굼벵이로 칠 년을 살다가 애벌레에서 딱딱한 껍질을 벗어나 허물을 벗고 태어납니다. 여름만 되면 나무에서 시끄럽게 울어대던 그 소리에 정신이 없을 때도 있습니다. 칠 년을 땅속에서 살다 밖에 나오니 감격에 벅차 울지 않을 수 없을 것입니다.

매미는 종족 보존을 위해 크게 울수록 암컷과 짝짓

기할 가능성이 높기에 절체절명의 시간이기도 합니다. 하지만 그 울음도 얼마 가지 못하고 기껏 십 일을 살다가 죽습니다. 이것이 매미의 일생입니다. 한없이 십 일 동안 울고 짧은 시간에 사라져가는 곤충의 일생이 겉으로 보기엔 짧은 시간일지 모릅니다. 하지만 매미는 희망을 버리지 않고 기다림의 시간을 견뎌냈기에 십 일 동안 세상에 태어날 수 있는 것입니다.

우리도 육신의 허물을 벗고 영혼의 날개를 펴는 것처럼 매미의 일생과 같습니다. 땅속에서 칠 년을 살아온 매미가 땅 위에서 자유롭게 날아다니는 삶을 살 수 있었던 것은 희망이 있었기 때문입니다. 실오라기 하나 안 걸쳐도 나무들이 알몸으로 찬바람 견디는 것은 발밑에 따뜻한 피가 흐르기 때문이라고 합니다.

땅속에서 타오르는 생명이 추위가 와도 사나흘이면 물러가는 것은 숨어 있는 불길 때문이라고 합니다. 희망은 늘 보이지 않는 곳에 감춰져 있습니다. 보이지 않아도 별들은 대낮에도 빛나고 있습니다.

희망은 보이는 것이 아니고 보는 것이라 했습니다. 하지만 사람들마다 희망이 보인다고도 하고, 보이지 않는다고도 합니다. 있다면 모두가 볼 수 있는 것이어야 되고, 없다면 모두에게 보이지 않아야 합니다. 희망은 각자에게 서로 다를 수도 있고 같을 수도 있습니다.

우리는 희망이 스스로 다가와 주는 것이란 생각을 합니다. 하지만 희망은 우리 스스로가 만들어 가는 것입니다. 희망이란 결국 만드는 사람에 따라 달리 나타날 수 있고, 사람에 따라 크기도 하고, 작기도 하고, 맛있기도 하고, 맛이 없을 수도 있고, 신선할 수도 있고, 그렇지 않을 수도 있습니다. 희망은 보이는 것이 아니라 보는 것이기 때문입니다.

'희망의 바깥은 없다'라고 한 도종환 시인도 이렇게 밝혔습니다.

"희망도 그렇게 쓰디쓴 향으로/제 속에서 자라는 것이다 지금/인간의 얼굴을 한 희망은 온다/가장 많이 고뇌하고 가장 많이 싸운/곪은 상처 그 밑에서 새살이 돋는 것처럼/희망은 스스로 균열하는 절망의/그 안에서 고통스럽게 자라난다/안에서 절망을 끌어안고 뒹굴어라/희망의 바깥은 없다"

단점이 축복이고 최고의 강점이다

약국에서 약을 사면 대부분 효능을 먼저 봅니다. 부작용에 대해선 잘 보지 않습니다. 부작용을 꼭 읽어보라고 권하고 싶습니다. 효능만 믿고 부작용으로 고생한 경험이 있기 때문입니다. 고지혈증 약을 먹었는데 당뇨 수치가 많이 올라가는 겁니다. 작은 글씨로 적혀 있는 부작용을 보니 당 수치가 올라갈 수 있다는 표시가 있었습니다. 이런 것도 경험에서 나오는 정신적 변화입니다. 효능과 부작용도 엄밀히 말하면 장단점에 속한다고 볼 수 있습니다.

자기소개서에 단점을 쓰라고 하면 장점을 단점처럼

포장하기도 합니다. 장점을 표현하라고 하면 자신의 본성이나 기질과는 상관없이 좋은 덕목만을 써 놓는 경우가 있습니다. 사실 장단점은 상호보완작용의 수단일 수도 있으며, 타고난 천성을 추구하면서 실천해야 할 가치의 항목입니다.

회사에서 면접을 볼 때 자신의 장단점을 이야기하라고 하면 대부분이 단점에서 얼버무리는 경우가 있습니다. 사실 회사에서는 사람의 단점에 따라 부서의 직무 배치가 달라질 수 있습니다. 일반부서에서의 단점이 영업부서에서는 장점이 되고, 영업부서에서의 단점이 일반부서에서는 장점이 될 수 있기 때문입니다.

만화영화 〈슬럼 덩크〉의 마지막 주인공 송태섭은 어릴 적부터 "형보다 못하다"란 말에 주눅이 들었습니다. 하지만 작은 키의 단점을 피나는 노력 끝에 뛰어난 드리볼과 패스 실력으로 팀의 든든한 지휘자가 됩니다.

누구에게나 장단점이 공존하는 법입니다. 온전히

단점만 지닌 사람도 없으며, 장점만 가지고 있는 사람 또한 없습니다. 하지만 장점이 단점보다 많은데도 단점이 너무 커서 자신의 장점을 덮어버리는 사람도 있습니다. 이와 반대되는 사람도 마찬가지입니다. 이럴 땐 정확하게 자신의 장단점을 파악할 수 있어야 합니다.

좋은 점과 나쁜 점은 공생하면서 살 수밖에 없습니다. 하지만 좋은 것과 나쁜 것 둘 중에 선택하라고 하면 대부분 좋은 것을 선택할 것입니다. 나쁜 것에 대해선 눈길조차 주지 않습니다. 그땐 나쁜 것으로 보일지 몰라도 시간에 따라 나쁜 것이 좋은 것으로 변할 수도 있습니다.

사람들은 상대를 보면서 장점을 보면 되는데 단점만 자꾸 눈에 들어올 때가 있습니다. 잘하는 것을 보려 하지 않고 잘못하는 것만 보기 때문입니다. 살면서 다 잘하고 살 수는 없습니다. 사람도 동전의 양면처럼 장단점을 공유하면서 살아가고 있습니다. 하지만 생각 없이 내뱉은 말의 상처가 불쑥불쑥 튀어나와 매일

보는 사람의 마음을 힘들게 할 수 있습니다.

장점은 어떤 일에든 쉽게 감동을 줍니다. 좋은 것도 기분을 환하게 해줍니다. 단점은 기분을 우울하게 만들지만, 단점이 장점으로 바뀔 수 있다는 믿음을 가져야 합니다. 우린 단점을 지우고 싶은 보기 싫은 얼룩으로 치부하기도 합니다. 이것은 커다란 착각입니다. 단점이 축복이고 나에게 있어 최고의 강점이 될 수 있습니다.

귀가 들리지 않았던 베토벤과 잘 볼 수 없었던 화가인 마네가 이룬 건, 단점이라는 열등감을 이겨낸 것입니다. 심리학자 아들러는 이를 보상이라고 정의했습니다. 열등감 콤플렉스를 이겨내려고 노력할 때 주어지는 성장의 선물이라는 것입니다.

단점은 내가 무엇을 해야 하는지를 알려줍니다. 어떻게 지금 상황을 극복하고 개선해 나아가야 할지를 감정으로 세세히 느끼게 해줍니다. 느끼지 않으면 행동할 수 없습니다. 결국, 단점이 삶에 있어 에너지의 원천이 될 수 있다는 것입니다.

겨울의 낭만은 여기서부터 시작된다

어릴 적 겨울의 이미지는 처마 밑에 달린 고드름입니다. 고드름을 따서 입안에 넣으면 갈증과 더불어 목을 타고 넘어가던 상큼함은 말로 표현할 수 없습니다. 또한 겨울 낭만 중에 으뜸은 바로 찐빵입니다. 찬바람이 불면 동네 후평댁에서 찐빵 팔던 초가집이 떠오릅니다. 김이 모락모락 나던 찐빵의 달달한 그 맛을 잊을 수 없습니다.

하지만 마음이 괴로울 때 울면서 찐빵을 먹어 보았던 기억도 있습니다. 먹을 때 눈에 무엇이 들어간 것도 아닌데 눈에는 눈물이 흐르고 손에는 찐빵을 들고 단맛을 잊고 먹었던 서럽고 배고픈 추억이 있습니다. 추운 담벼락에 앉아 울면서 어머니가 준 찐빵을 먹으며 겨울 햇빛에 몸을 떨었습니다. 지금은 눈물에 젖은 빵은 삶의 상징적인 수사적 표현으로 변했습니다. 그 눈물의 찐빵은 저에게 깊고 진한 회한이 되어 있습니다.

그래서 그런지는 몰라도 내가 가장 좋아하는 계절은 겨울입니다. 일단 겨울의 따뜻한 느낌이 좋습니다. 눈이 오는 날이면 춥지만 눈의 포근함을 좋아합니다. 추운 겨울 찐빵을 사서 입에 물면 포근한 찐빵의 식감이 입안으로 스며드는 느낌이 좋습니다. 겨울에는 평소 덮고 자던 이불도 포근하게 다가옵니다. 장작을 패서 온돌방에 불을 넣고 바닥에서 자면 온몸이 열기로 인해 나른해지는 그 느낌이 좋습니다. 저의 겨울은 늘 따뜻한 그리움이 있어 좋습니다.

겨울에 떠오르는 길거리 이미지들이 있습니다. 장갑, 목도리, 난로, 군고구마, 호떡이 있습니다. 또 하나가 있습니다. 바로 '호빵' 또는 '찐빵'이라고 부르는 빵입니다. 밀가루로 반죽한 속에 단팥을 소로 넣어서 동그랗게 만든 빵입니다. 요즈음은 날씨가 추워지면 동네 마트에서 전기를 이용한 찜통 안에 빵을 쪄서 언제든지 사 먹을 수 있는 것이 호빵입니다. 찜통에서 막 꺼내면 김이 모락모락 나는 호빵은 보기에도 따뜻하고 맛있어 보입니다. 요즘 젊은 사람들의 입맛에 맞추느라 단팥 대신에 야채나 피자 맛, 고구마를 넣은 빵도 있습니다. 하지만 아직도 단팥을 넣은 것을 제일 많이 사간다고 합니다.

사실 호빵이라는 말은 빵 만드는 회사에서 찐빵을 이용해 붙인 이름입니다. 그게 너무 유명해지는 바람에 호빵같이 생긴 빵이면 모두 호빵이라고 부릅니다. 저는 호빵보다는 찐빵이라는 단어에 더 호감이 갑니다. 왠지 토속적인 어감 때문에 그런 것 같습니다. 찐빵과 더불어 군고구마, 군밤은 겨울의 별미입니다. 또한 따뜻한 어묵과 떡볶이도 겨울밤을 따뜻하게 데워주는 친근한 겨울 간식거리입니다.

"손이 시려워 꽁! 발이 시려워 꽁!" 하는 노래와 함께 광고하던 호빵이 생각나는 겨울입니다. 호빵을 사서 전기 보온밥통에 넣어두면 허기진 아이들에게도 좋은 간식거리입니다. 차를 타고 가다 보면 차도 옆에 있는 찐빵집이 보입니다. 김이 무럭무럭 나는 찜통에 시선이 끌리면 차를 세우고 찐빵을 삽니다. 이제는 대량생산으로 획일화되어 있는 호빵 맛에 길들어져 있습니다. 하지만 부드럽고 달콤한 팥이 들어 있는 그 옛날의 달달한 수제 찐빵 맛이 그립습니다.

겨울철 간식으로 빠지면 서운한 찐빵 중에 안흥찐빵이 있습니다. 안흥은 강원 횡성군에 속하는 조그만 면 단위 지역입니다. 평범하기 그지없는 조그만 산골에서 안흥찐빵이 탄생하였습니다. 안흥면에는 현재 20여 곳의 찐빵집이 있습니다. 안흥찐빵에는 원조가 있습니다. 심순녀 할머니가 바로 원조입니다. 할머니는 안흥면의 가난한 집에서 태어나 가난한 집으로 시집갔습니다. 배곯기가 다반사였던 심순녀 할머니는 돈을 벌기 위해 행상을 나섰습니다. 참외, 사과, 고등어 따위가 든 광주리를 머리에 이고 행상을 하며 팔았습니다. 어느 날 원주역 앞의 호떡가게 앞을 지나가는데 그 집이 장사가 잘되는 것 같았습니다. 그날 밤 역전 뒤 허름한 여인숙에서 잠을 자며 곰곰이 생각을 했습니다. '그래 호떡 장사를 해보자.' 다음날 밀가루 한 포대, 설탕, 화덕 하나를 사서 좌판을 벌였습니다. 첫 장사 결과는 본전도 안 남았습니다. 호떡 하나 만드는데 양 조절을 못 해 실패를 한 것입니다. 우여곡절 끝에 이것저것 만들어 팔다가 찐빵을 만들게 되었고, 찐빵이 맛있다는 소문이 나자 단골들이 하나 둘 생겨났습니다. 멀리 원주에서도 찐빵을 사러 올 정도였습니다. 이후로 신문에 심순녀의 찐빵이 맛있다는 조그만 기사가 나가자 잡지사와 텔레비전에서도 취재를 해 갔습니다. 유명해지는 것은 순식간이었습니다. 심순녀 할머니 때문에 안흥찐빵이라는 브랜드가 생겨났습니다.

겨울이 되면 어머니가 만들어 준 옛 맛을 그리워하

며 찐빵을 찾는 사람들이 있습니다. 일찍 찾아온 추위 탓인지 올겨울에도 찐빵이 사랑을 받고 있습니다. 빵 공장에서 만든 찐빵은 베이킹파우더나 버터로 만들지만 전통식은 막걸리나 효모를 사용해서 만듭니다. 안흥찐빵도 수제로 만드는데 그 수요가 늘어나면서 발효시간을 줄이기 위해서 효모를 쓰고 있다고 합니다. 최고의 찐빵이란 피는 쫄깃하고, 소는 적당히 달고, 맛은 구수한 찐빵입니다.

화려하지 않은 거리를 기웃거리다 허기질 때 찐빵 한입 베어 뭅니다. 강렬한 열기가 입안에 훅하고 퍼지는 순간 기억 속에 잠자던 그리움의 대상들이 순식간에 깨어납니다. 겨울에 만난 찐빵이 새삼 반갑게 느껴지는 저녁입니다.

성은 꽃씨고 태생은 길이다

아침 산책길, 길가에 핀 들꽃들이 수줍음으로 고개를 들면 꽃잎에 맺힌 이슬이 미끄럼 타듯 땅속으로 스며듭니다. 대낮의 열기에 고개를 숙였던 꽃들도 아침엔 보란 듯이 얼굴을 내밀고 미소 짓고 있습니다.

'모메'가 졸래졸래 뒤따라오고 있습니다. 이젠 습관적으로 따라오기 때문인지 무관심할 때도 있습니다. 개처럼 행동하는 고양이지만 제겐 위안이 많이 되고 있습니다. 덕분에 유일하게 자신의 이름으로 딴 제목으로 시 한 편을 남긴 고양이입니다. 「모메라는 이름」의 시입니다.

“성은 꽃씨고 태생은 길이다/행운이란 상징을 가진 삼색 고양이/보이지 않는 곳에 눈이 꽂혀 있다/조그만 빈틈도 없이 납작 엎드려 있다/배롱나무 가지에 앉아 있던 참새를 떠올린다/발이 뻣뻣해진다/깃털만 물고 있던 지난 순간을 지우고 싶다/다시 한번 날카롭던 발톱을 세워본다/빛이 들어오는 동공을 벌린 채/잠겨 있던 아기 울음소리도 내어 본다/얼마나 절절한지를/아랫도리가 흔들린다/중성화된 욕망과 이성화된 배꼽이 떨고 있다/냄새를 맡고 꼬리를 세운 채 흔들리고 있는/모메의 눈동자는 집사를 닮았다.”

이름을 꽃모메라고 지은 연유는 우리 집 별채에다 〈모메꽃책방〉을 소박하게 열었기 때문입니다. 집사람이 운영하는 책방 이름에서 꽃모메라는 이름을 지어주었습니다. ‘모메꽃’은 이육사 시인의 시 「초가」에 나오는 구절입니다. 나물 하러 간 처녀가 “빈 바구니 차고 오긴 너무도 부끄러워 술래 짠 두 뺨 위에 모메꽃이 피었고”에서 따왔습니다.

모메의 어미는 모란입니다. 다산의 여왕처럼 계속

해서 새끼를 낳고 있습니다. 아쉽게도 모메는 다른 고양이와의 영역 다툼에서 두 번이나 물리면서 병원까지 다녀왔습니다. 치료받고 온 후 얼마 되지 않아 흔적도 없이 사라졌습니다. 그 후 모란이의 두 번째 새끼인 '문장'이가 모메를 대신했습니다. 시간이 되자 어미인 모란이의 계속된 괴롭힘 때문에 문장도 소리 없이 사라졌습니다.

모메와 문장은 정이 들 만큼 사랑을 주고받았던 눈에 아른거리는 길고양이였습니다. 집사로서 역할을 다하지 못해서 도망간 것 아닌가 하는 자책도 했습니다. 장난도 잘 치고, 가슴에도 안기고, 공놀이도 잘하고, 이름 부르면 대답도 잘하고, 말 상대로는 둘도 없던 고양이였습니다. 지금은 모란이의 세 번째 새끼인 '배추', '상추', 그리고 얼떨결에 다른 데서 들어왔다고 지어준 '얼갈이'가 있습니다. 두 번씩이나 마음의 상처를 받아서 그런지 정을 덜 주려고 합니다. 모이를 달라고 징징거리면 못 본 척할 때도 있습니다. 제 차 소리만 나도 달려드는 고양이를 보면 매정하게 내치지 못할 때도 있습니다.

사실 고양이가 사람에게 관심을 유도하는 이유가 있습니다. 고양이는 사람을 적절히 이용하면 행복하게 사는 법을 터득하고 있는 동물입니다. 서두르는 법이 없고, 장난도 치고 노는 것밖엔 특별한 관심이 없습니다. 사람들이 이해하지 못할 것을 이해하고 있는 듯 보일 때도 있습니다. 예측 불가하고 해석할 수 없는 동물이라는 점이 매력적입니다. 고양이를 키우는 이유가 여기에 있을 수 있습니다. 개는 무조건적 사랑이지만 고양이는 신비한 영감을 줘서 그런지 사랑스럽습니다.

사람들이 반려동물을 왜 키우는지 트리나 포올러스라의 책 『꽃들에게 희망을』에서 찾을 수 있습니다. "나비가 존재하는 것만으로도 꽃에 희망을 주어 암술과 수술이 결합하여 새 열매를 잉태하게 됨을" 애벌레의 이야기를 통해 보여주고 있습니다.

놀랍도록 황홀한 고백

언제부터인지는 정확하게 기억나지 않습니다. 하지만 지금도 생각을 해보면 잘한 일인 것 같습니다. 어릴 적부터 아이들에게 제 생일날 선물 대신 마음을 담은 편지를 받겠다고 했습니다. 지금도 그날이 되면 선물로 편지를 받습니다. 편지글 마지막엔 어김없이 '아버지 사랑합니다!'라는 말이 들어가 있습니다. 쑥스러워 표현하지 못했던 사랑한다는 말을 편지글로 받고 있는 것입니다. 일 년에 한번 설레는 마음으로 기다려지는 날이기도 합니다.

사랑한다는 말을 꼭 말로 해야 됩니까? 눈으로, 미

소로, 가슴으로 애기해도 되는 거지, 이렇게 쉽게 말하기도 합니다. 말로 표현해야 하는 것을 몸으로 표현해도 된다는 의미입니다. 또한 사랑이란 말을 흔한 말로 치부하거나 쓰임에 있어서 가볍게 생각하는 사람들도 많습니다. 생각해 보면 사람들은 쉽게 사랑한다는 말을 합니다. 하지만 진심이 없는 사랑 또한 껍데기에 불과합니다. 그래서 사랑한다는 말이 거짓임을 알게 되었을 때 상대는 상처를 받기도 합니다.

진정한 사랑은 마음으로 나누는 사랑입니다. 사랑이란 바로 이런 것임을 잘 표현한 시가 있습니다.

"사랑한다는 말은/가시덤불 속에 핀 하얀/찔레꽃의 한숨 같은 것//내가 당신을 사랑한다는 말은/한자락 바람에도/문득 흔들리는 나뭇가지//당신이 나를 사랑한다는 말은/무수한 별들을/한꺼번에 쏟아내는/거대한 밤하늘이다//어둠 속에서도 환히 얼굴이 빛나고/절망 속에서도/키가 크는 한마디의 말/그 얼마나 놀랍고도/황홀한 고백인가"

이해인 시인의 「사랑한다는 말은」이란 시입니다.

사랑한다는 것은 사람이 살아가면서 가장 따뜻하고 가장 바람직한 인간관계입니다. 그러한 관계를 맺고 지켜가고자 하는 마음의 움직임입니다. 가슴을 가진 사람이 서로 만나 사귐을 통해 갖는 것이 사랑입니다. 그것들을 이어가고자 하는 마음 또한 사랑입니다.

사랑은 복합적인 인간 심성입니다. 거기에는 미더움이 따르게 마련입니다. 도덕심과 윤리의식도 수반되기도 합니다. 마음씨가 곱거나 예쁨과 착함이 사랑의 바탕에 깔려 있습니다. 믿음이 강조된 심성의 영역이 곧 사랑이기도 합니다. 애틋한 그리움과 간절한 소망과 뜨거운 열정이 사랑입니다.

우리의 전통적인 정서 중에서 '정(情)'이라는 말이 있습니다. 사랑은 정과 동의어로 사용되어 왔습니다. 우리에겐 오히려 정이 사랑보다 더 친숙한 단어였습니다. 사랑으로서의 정은 인정에서부터 가족과 그리고 남녀 간의 애정까지 포괄하고 있습니다. 그런가 하면 '정든 고향'이라는 말이 가리키듯이 인간과 환경,

그리고 사물 사이에서도 정이 이어져 왔습니다.

제 아버님이 세상을 떠나신 지 십 년이란 세월이 흘렀습니다. 감기로 한 달가량 앓다가 폐렴으로 생을 마치셨습니다. 병원에 입원하신 지 삼 일만이었습니다. 그렇게 돌아가시기 전까지 저는 아버지에게 하고 싶었지만 하지 못한 말이 있었습니다. 지금도 그 생각을 하면 사무치게 가슴이 메어옵니다. 바로 사랑한다는 말을 하지 못했기 때문입니다. 사는 동안 고마웠었고 사랑했었다는 말을 표현하지 못한 것입니다. 뒤늦은 후회고 소용없는 메아리입니다.

그래서 요즈음엔 어머니에게 사랑한다는 표현을 자주 합니다. 처음에는 쑥스럽고 어색하고 부끄럽기도 했지만 이젠 자연스럽게 다가갑니다. 그렇게 말을 하고 난 뒤에 가슴 저 깊은 곳에선 뿌듯함과 행복감이 밀려옵니다.

세상을 아름답게 만드는 사랑이란 묘약, 하지만 안타깝게도 많은 사람들이 사랑의 소중함을 알지 못합니다. 사랑받는 것에 익숙해져서 사랑을 놓쳐버리거나 잃어버리고 후회를 하게 됩니다. 사랑이 떠난 빈자리를 보며 그제야 사랑이 소중했음을 깨닫는 어리석은 사람은 되지 말기를 바랍니다.

Ⅲ. 소소한 인연

고독하지 않게 죽음을 맞이할 순 없는 것인가

고독사로 인해 언론에 공개된 사건일지가 있습니다. 일용직 노동자 이모씨는 부산 남구 대연동 자택에서 숨진 채 발견됐습니다. 사망한 지 9개월 만이었습니다. 일 년간 연락이 끊겼던 여동생이 열쇠수리공을 불러 문을 열고 집 안으로 들어가 죽은 오빠를 발견했습니다. 이씨의 시신은 모두 부패되었고 미라로 진행되고 있었습니다. 이씨는 4년 넘게 관리비를 연체하고 있었고, 사망 직전으로 추정되는 지난해부터는 도시가스 공급도 중단됐습니다. 하지만 이를 이상하게 여기고 신고한 사람은 아무도 없었습니다.

부산 동구 초량동에서도 비슷한 사건이 또 발생했습니다. 61세 여성 윤모씨는 뇌종양, 당뇨합병증을 앓는 중증 환자였습니다. 지난해 관할 구청으로부터 '통합사례관리대상자'로 지정됐지만, 윤씨는 4개월 만에 증세 호전을 이유로 명단에서 제외됐습니다. 집주인은 윤씨와 연락이 닿지 않는다며 구청에 신고했습니다. 구청 복지담당자가 윤씨의 집을 방문해 문이 잠겨 있자 어떤 조치도 없이 복귀하는 바람에 발견되지 않았습니다. 윤씨는 다시 2개월 지나서야 심하게 부패된 상태로 발견됐습니다. 사망한 지 4개월 만이었습니다.

고독사는 홀로 살다 죽어서 대부분 오랫동안 시신이 방치되는 경우가 많습니다. 초기에는 실직이나 경제적 능력으로 인한 중장년 남성의 고독사가 대부분이었지만, 개인주의 확산 및 권리의식이나 가치관 충돌 등으로 독신자가 늘면서 경제력과는 상관없는 고독사도 늘고 있습니다.

과거에는 가족 간의 갈등이나 지인 간의 갈등이 생

기면 서로 양보하거나 타협했습니다. 하지만 개인주의 확산으로 일방적 양보나 타협을 거부하는 사례가 급증하고 있습니다. 성격 차이나 인간관계에서 오는 문제를 거부하거나 회피하려는 현상도 점진적으로 확산되고 있습니다. 가족 간의 의견 대립이나 종교문제와 가치관의 차이로 가족이 있어도 사체 인수를 거부하고 있습니다. 고독사가 증가하고 있는 원인을 전문가들은 고령화나 개인주의, 핵가족화로 분석하고 있습니다.

고독사는 고독한 삶의 결과입니다. 단지 임종을 혼자 맞는다고 해서 고독사로 분류하지는 않습니다. 죽음을 맞기 전 생활 전반에서 사회적 관계가 거의 없는 삶이 죽음으로까지 이어지면 고독사가 됩니다. 이렇게 볼 때 국내에서 가장 고독한 사람들은 중년층 남성입니다. 고독사 통계에서 가장 높은 비율을 차지하는 연령대는 사오십 대의 중년층입니다. 이 가운데 남성 고독사 사망자의 비율이 압도적으로 높습니다.

경찰 관계자가 전하는 고독사 현장은 처참합니다.

악취가 현관문과 창문 밖으로 새어나와서 이웃 주민이 알 정도가 되면 집 안으로 들어가기가 두렵다고 합니다. 형체를 알 수 없을 정도로 부패한 시신과 흘러나온 액체가 이부자리나 바닥을 물들인다고 합니다. 기온이 높으면 파리와 구더기가 집 안 곳곳을 잠식하기도 한다고 합니다.

경찰은 고독사가 발생하면 의료진의 검안을 마치고 지갑에 남아 있는 신분증과 지문 등으로 신원을 확인하고 나서 유가족을 찾습니다. 가족은 이미 생전에 왕래가 드물 정도로 관계가 악화된 경우가 많다고 합니다. 부검 없이 시신 인도가 확정된 뒤 유가족이 시신을 인수한다는 서명을 하면 그나마 다행입니다. 유가족이 아예 없거나 찾을 수 없으면 결국 무연고 사망으로 처리됩니다. 물론 무덤마다 핑계는 다르다고 합니다. 특히 중년 남성의 고독사는 배달음식이나 인스턴트 음식 봉지나 술병이 쌓여 있는 모습이 대부분이라고 이야기합니다.

고독사를 예방할 수 있는 근본 대책은 죽음이 누구

에게나 찾아오는 현실임을 직시하고 미리 대비하는 문화가 필요합니다. 이른바 '웰다잉(well-dying)'이라 불리는 것입니다. 웰다잉은 살아온 날을 정리하고 죽음을 준비하는 행위를 일컫습니다. 고령화와 가족 해체 등 여러 사회적 요인과 맞물려 등장한 현상입니다. 건강 체크로 고독사를 예방하고 그동안의 삶을 기록하거나 유언장을 미리 준비하는 등의 행위를 통해 웰다잉을 실천할 수도 있습니다.

임영희 시인의 「고독사」란 시가 전하는 의미를 다시 한번 곱씹어 봅니다.

"쳐다보고 또 쳐다보아도/이웃한 아파트는/꿈에서나 가볼 수 있는 이방지대//열심히 살아온 청춘은/물든 노을로 남루한 것 못 면해도/무디어 가는 육신은/개똥벌레 용트림에 불과했다//창살 없는 자유라는 이름의/혼자만의 공화국에서/한숨으로 살이 찐 독백은/외로움의 비만증에 걸린 지/오래인 친구//담요 한 장에 입은 옷이 전부/밥통에는 말라버린 밥알 몇 개/기다리는 구원처럼 먼 그림자였다."

오늘도 눈뜨게 해주셔서 감사합니다

살면서 감사하다는 마음을 가져보지 않은 사람은 없을 것입니다. 나 스스로 여기까지 왔다고 생각하는 사람도 없을 것입니다. 불행한 사람도 감사의 마음을 누군가에겐 표현했을 것입니다. "가장 축복받는 사람이 되려면 감사하는 사람이 되라!"는 캘빈 쿨리지의 말이 떠오릅니다.

"하늘은 나에게 희생과 노력으로 이루어낸/내 작은 성취마저 허물어 버리셨다/낡은 것을 버리고 나날이 새로워지라고//하늘은 나에게 탐낼 만한/그 어떤 것도 주지 않으셨지만/그 모든 씨앗이 담긴 삶을 다 주셨으니/무력한 사랑 하나 내게 주신/내 삶에 대한 감사를 바칩니다." 박노해 시인의 「삶에 대한 감사」라는 시 일부분입니다.

어릴 적 시골에 살면서 어머니가 한 말이 떠오릅니다. 중들 할매가 장에 갔다가 고등어 한 손을 들고 집에 왔습니다. "모레가 니 아베 생신이다. 부엌에 갖다 놓아라!" 하고는 가셨습니다. 밭에 나갔다 돌아오신 어머니한테 상황을 이야기했더니 "니는 뭐라 캤는데?" "지는 입 다물고 받기만 했는데?" 그 이후는 말하고 싶지 않습니다. 빗자루로 빡세게 맞았습니다. "니는 입 놔두고 어데 쓸라카노! 이노므 자슥아!" 결국 어머니가 시키는 대로 밤인데도 물 건너에 있던 중들 할매네 집에 가서 잘 먹겠다는 감사의 인사를 드리고 왔습니다. 며칠 뒤 어머니는 길에서 중들 할매를 만나더니 두 손을 잡고 연신 고개를 숙이면서 극진히 고마운 마음을 전했습니다.

그 이후 감사에 대한 표현은 마음으로 하는 것이 아니라 실천해야 한다는 것을 알았습니다. 말하지 않고 마음으로만 한다면 상대는 알 수가 없습니다. 좋은 말은 많이 할수록 에너지의 원천인 엔도르핀이 솟구친다고 했습니다.

아리스토텔레스는 "인간의 마음 중에 쉽게 늙어가는 것이 감사하는 마음"이라 했습니다. 내 자신도 나이가 들어갈수록 고마움에 인색하다는 것을 스스로 느낍니다. 감사한 마음을 계속 유지해 나간다는 것이 쉽진 않지만 "범사에 감사하라!"라는 종교적인 힘을 빌리지 않더라도 먼저 자신에게 감사한 마음을 가지면 됩니다. 스스로 그런 마음을 가지면 타인이나 모든 사물에 대해 감사의 마음이 생겨납니다.

『배짱으로 삽시다』란 베스트셀러로 널리 알려진 올해 90세인 이시형 박사한테 기자가 물었습니다.

"아침에 눈뜨면 제일 먼저 하는 게 무엇인지요?"

"눈뜨게 해주셔서 감사합니다!"

이 말을 먼저 한다고 했습니다. 나이 드신 분들은 이 말에 다들 고개를 끄덕일 것입니다.

현대 사회를 살면서 감사의 상반되는 말들을 자주 듣고 삽니다. 각박하다는 소리, 불평과 불만의 소리도 들립니다. 시기와 질투의 소리도 들립니다. 욕구불만은 언제 어디서 튀어나올지 모릅니다. 이런 것들을 단번에 잠재울 수 있는 것이 있습니다. 바로 고마움과 감사의 마음입니다.

"이만큼이라도 남겨 주셨으니/얼마나 좋은가!/지금이라도 다시 시작할 수 있으니/얼마나 더 좋은가!"

나태주 시인의 「감사」라는 시입니다.

감사하는 마음은 작고 크고, 좁고 넓고, 많고 적음이 아닙니다. 조그만 것이거나 보잘것없는 것에도 고마움과 감사의 마음을 가져보십시오. 아침에 일어나 문밖으로 나서면 이름 없는 풀꽃에도, 새한테도, 길고양이한테도, 하늘의 구름에도, 서 있는 나무에도, 말 없는 전봇대에도 감사를 전해 보십시오.

"네가 나를 반기는구나, 고맙다!"

떠나야 비로소 보이는 마음들

며칠 전 고향을 다녀왔습니다. 변한 것이 없는데도 마음은 예전 같지 않았습니다. 설렘과 두근거림이 덜한 것은 세월 탓이라고 하더라도, 고향은 늘 평온하고 푸근했습니다. 그래서 그런지 고향을 '어머니 품속' 같다고 하는 것 같습니다.

"고향에 고향에 돌아와도/그리던 하늘만이 높푸르구나."

정지용 시인의 「고향」이란 시의 마지막 연입니다. 이 시는 화자가 고향에 대해 상실감을 표현하고 있지만 자신의 정서와 인식의 변화 때문이라는 것을 깨닫고 있습니다.

고향은 과거가 있는 곳이며, 뿌리내린 정든 곳이며, 마음속에 형성된 하나의 근원적 세계입니다. 고향은 공간, 시간, 마음, 이 세 가지가 합쳐진 복합된 원초적 샘입니다. 공간, 시간, 마음 중에서 어느 쪽에 더 치우치는가는 선택할 수 없습니다. 어머니 뱃속에서의 생물학적인 탄생과 지정학적인 태어남이 고향입니다. 하지만 태어난 시간과 공간이 같기에 어머니와 고향을 동일시하고 있는 것입니다. 고향은 다른 의미로서 용서와 화해와 사랑이 있는 곳이기도 합니다.

인간은 태어나서 자기 결핍을 시인하고 일상으로부터 자기 해방을 요구하기도 합니다. 그러나 고향은 떠남으로써 보인다는 역설도 있습니다. 태어나기 전인 모태 이전을 고향이라고도 합니다. 누군가 죽는다는 것도 고향으로 돌아가는 것이라고 했습니다.

초등학교 오학년 때 부모님의 등쌀에 서울로 유학을 갔습니다. 방학이 돌아오기를 손꼽아 기다렸습니다. 기차 타고, 버스 타고, 그리운 고향 집이 가까워지면 목청껏 엄마를 불렀습니다. 어머니는 신발을 거꾸로 신고 나와 덥석 안고는 볼을 비볐습니다. 눈엔 눈물을 글썽이며 "아이고~ 내 새끼" 하면서 가슴으로 안아 주었습니다.

어머니의 품은 고향과 닮아 있어 늘 푸근하고 따뜻하고 정감이 갔습니다. 지금은 불러도 대답이 없습니다. 하지만 가슴엔 풀리지 않는 매듭이 있어 함께 숨쉬고 있다는 착각이 들 때도 있습니다.

시공간은 달라도 객지에 나가 있는 자식들을 맞이하는 풍경은 옛날이나 지금이나 변한 것이 없습니다. 다만 핸드폰으로 주고받는 소통이 있다 보니 행동은 달라도 마음은 바뀌지 않습니다. 고향이란 탯줄이 사라지지 않는 한 우리는 단절할 수가 없습니다. 행동으론 가능해도 마음은 지울 수가 없습니다. 그래서 그럴까요.

유독 시인들이 고향을 주제로 한 시에서 빠지지 않는 단어가 있습니다. 바로 어머니입니다. 조병화 시인은 「고요한 귀향」에서 "지나온 주막들 아련히/고향은 마냥 고요하여라/아, 어머님 안녕하셨습니까"라고 노래했고, 김후란 시인은 「고향」에서 "감나무 한 그루/심었어요/어머니 기침 소리가/들려요"라고 그리움을 노래했습니다.

어머니는 우리 가슴속에 영원히 살아 있습니다. 개발로 인해 도시로 나가거나 부모들이 돌아가시거나 다들 떠나고 없는 황량한 고향이라도 타향에서 살지만 고향 이야기만 나오면 들떠서 열변을 토하기도 합니다. 고향이란 보상 없이 주는 증여와 환대가 있기 때문입니다. 우리가 고향으로 돌아가고 싶다는 꿈을 꾸는 이유도 여기에 있습니다.

아버지의 벌이 시가 되어 날아다니고

학교 가방을 던지자마자 달려간 곳은 별채 옆으로 늘어서 있는 벌통이었습니다. 벌은 쉼 없이 윙윙거리며 일하고 있었습니다. 아버진 들에 나가셨는지 보이지 않았습니다. 하루 전에 하신 아버지의 가르침을 기억해 냈습니다. 벌이 분봉하는 때라 지켜보지 않으면 어디로 갔는지 찾을 수 없다고 했습니다.

"여왕벌이 나가면 일벌도 함께 따라 나간데이. 벌통이 여러 통이라 전체를 보고 기다리고 있거라!"

저는 옆에 있는 짚단에 올라 벌통만 바라보고 있었습니다. 시간이 어떻게 흘러갔는지 몰랐습니다. 졸았는지 비몽사몽일 때 아버지가 들에서 돌아왔습니다.

"아직 소식 없드나?"

아버진 대뜸 물었습니다. 입은 다물고 고개만 끄덕였습니다. 벌통을 하나둘 세밀히 돌아보고는 느낌이 오는지 주변을 둘러보기 시작했습니다. 벌떼의 소리를 찾고 계신 겁니다. 나는 아버지 그림자만 따라다녔습니다. 한참을 두리번거리다가 뒷산 초입에 있는 밤나무를 뚫어지게 쳐다보더니 "여 있네! 멀리 못 갔네!" 하곤 잘 지키고 있으라는 말만 남기고 집으로 갔습니다. 난 밤나무 밑에 쪼그려 앉아 나무 사이 쏟아지는 햇살 사이로 둥그렇게 달린 벌들을 바라보고 있었습니다. 저렇게 많은 꿀벌이 어떻게 가지를 부둥켜안고 있는지 이해가 되지 않았습니다. 아버진 꿀벌을 털어 넣기 위해 뜰채를 가지러 가셨습니다. 얼마 뒤 아버지는 뜰채에 벌을 담아 빈 벌통에 넣으시고는 흐뭇한 표정으로 바라보셨습니다.

지난겨울 꿀벌들의 양식을 주기 위해 가마솥에 설탕을 부었습니다. 불을 때고 정성스럽게 끓였습니다.

나무 막대로 천천히 저으면서 “내년엔 벌통이 마이 늘어날끼다!” 손가락으로 녹은 설탕을 찍어 맛을 보시곤 나에게도 손을 내밀었습니다. “맛 봐라! 이게 벌 밥이다! 맛있나?” 고개를 끄덕끄덕하는 나를 바라보곤 미소를 지었습니다.

벌은 자신을 해치지 않으면 상대에게 위협을 가하지 않습니다. 벌은 온순합니다. 적에게 맞서 싸우다 벌침을 쏘고 난 뒤 벌은 스스로 죽습니다. 벌은 볼 때마다 신기했지만 곤충채집 숙제엔 벌을 넣지 않았습니다. 벌이 귀엽고 예쁘고 발을 꼼지락거리는 것이 신기했습니다. 그런데 채집을 하려면 벌을 죽여야 했습니다.

정확하게 기억나진 않지만 고추밭에서 풀을 뽑고 있을 때였습니다. 아버지가 아들을 위해 손수 만드신 원두막이 밭 모서리에 자리 잡고 있었습니다. 밭으로 나갈 땐 나를 그곳에 쉬도록 하기 위해 만들었단 어머니의 말씀이 아니더라도 아버지의 의중은 짐작할 수 있었습니다.

여름 땡볕에 원두막에서 쉬고 있을 때 옆집에 살던 모자란 덕칠이 형님이 숨이 가쁘게 뛰어왔습니다. 풀을 뽑고 있던 아버지를 찾았습니다.

"아재요! 퍼뜩 가보소! 벌이 아를 낳아서 우리 집 대추나무에 집을 짓니더!"

아버지는 그 말에 태연하게 알았다는 말 외엔 더 이상 입을 열지 않았습니다. 덕칠 형님은 밭고랑으로 달려가 아버지 팔을 잡아당기고 있었습니다. 하지만 아버진 꼼짝하지 않고 고개만 끄덕였습니다. 나를 놔두고 벌써 달려갔어야 했습니다. 놓치면 벌 한 통이 사라지는 것입니다. 그때, 아버진 원두막에 있는 나를 바라보곤 웃으셨습니다.

고등학교를 마칠 무렵 우리는 큰집이 있던 서울로 이사를 갔습니다. 난 그 벌통이 궁금했습니다. 그 벌들이 어디에 가 있는지 알 수 없었습니다. 이사 온 지 일 년쯤 지나자 대병으로 두 병 가득 든 꿀이 서울 집으로 배달되어 왔습니다. 그 꿀을 제일 먼저 맛본 것도 나였습니다. 아버진 개봉을 한 후 향기를 맡으시곤 "이건 밤꿀이다. 지금 먹어야 몸에 좋다."고 했습니다. 서울 떠나올 때 친척 집에 벌통을 주고 온 후 일 년에 한번 이렇게 꿀을 보내왔습니다. 그 꿀맛과 함께 아버지의 깊은 마음을 잊은 적이 없습니다. 아직도 가슴속에서 아버지의 벌이 시가 되어 날아다니고 있습니다.

결핍이 희망이다

아르놀트 겔렌은 사람이란 '결핍의 존재'임을 밝혔습니다. 사람은 자신의 행위로 그 결핍을 보충하기 위한 과정을 통해 성취를 이루었다고 봤습니다. 결핍을 채우기 위해 노력하다 그 길에서 죽음을 맞기도 합니다. 결핍의 존재란 좌절도 겪게 되지만 성과도 이루면서 조금씩 채워가기도 합니다. 때론 울고, 때론 웃으며, 살아가는 것입니다.

제가 처음 시를 배웠던 분은 고 오규원 시인입니다. 시와 시론으로서도 문학사적 족적을 남긴 교수이면서 시인이었습니다. 습작하던 시절이었습니다. 강의 시간에 제 이름을 부르면서 지난 시간에 제출한 자작 시를 칠판에 적으라고 했습니다. 우쭐한 마음에 나가서 적고 난 뒤 자리에 앉자마자 선생님이 하신 말씀이 아직도 귀에 생생합니다.

“이것을 시라고 착각하지 마라. 이것은 대중가요 가사다!”

어떻게 강의를 마쳤는지 울분과 좌절로 강의실을 뛰쳐나왔던 기억이 생생합니다. 그 후로 시를 포기할까 고민도 많이 했었습니다. 하지만 고통의 시간을 보내면서 오기로 시를 붙들고 있었습니다. “시가 밥 먹여주나!”라는 질타를 들으면서도 시를 썼습니다. 당시의 시적 결핍이 지금까지 시를 쓰게 하는 원동력인지도 모릅니다.

사람들은 자신의 결핍을 부모나 가까운 사람들 탓으로 돌리기도 합니다. 또한 국가나 사회 때문이라고 결부시키기도 합니다. 심리학자 알프레드 아들러는 “인간의 고민은 전부 대인관계에서 온다.”고 했습니다. 결국 좌절이라는 것도 사람과 사람 사이에서 오는 경우가 많습니다. 살면서 빚어지는 문제와 갈등은 예외 없이 대인관계와 맞물려 있습니다. 상대에게 상처를 주지 않으려 해도 주고받는 경우가 허다합니다. 결국 대인관계는 나만 조심한다고 되는 것이 아닙니다.

결핍이라는 것도 나 스스로 생기기도 하지만 대인관계에서도 발생합니다. 자신의 결핍은 대부분 스스로 인내와 노력으로 극복할 수 있지만 대인관계는 그렇지 않습니다. 하지만 한 가지는 분명하게 말할 수 있습니다. 대인관계에서 결핍을 해소하려면 제일 중요한 것이 있습니다. 바로 '경청'입니다. 남의 이야기를 듣는 자세가 첫 번째입니다. 경청이야말로 대인관계에서 품격을 상승시키는 미덕 중에 하나입니다.

결핍은 스스로 견디고 일어설 수도 있지만 그 결핍으로 인해 무너질 수도 있습니다. "인생이 무너진다!"라고 하는 것도 결핍을 견디지 못할 때 내뱉는 말입니다. 네가 아닌 남 탓으로 돌릴 때 되돌릴 수 없는 길을 가게 됩니다. 인문학자 최준영은 『결핍의 힘』에서 자기 자신과 타인의 결핍을 마주하면서 그것을 원동력

삼아 인생 공부를 이어가고 있는 것이라 했습니다. 결핍은 누구나 가지고 있지만 그 결핍을 통해 서로 메꾸어 가면서 살아가는 것이 우리들의 삶입니다.

사람은 누구나 결핍을 가지고 태어나고 태어나자마자 결핍은 시작됩니다. 그냥 있어도 배가 부르던 엄마 뱃속 시절이 있었습니다. 하지만 세상 밖은 가만히 있으면 밥을 주지 않습니다. 울어야 밥을 줍니다. 이것이 결핍의 시작입니다. 우린 이런 결핍을 희망으로 바꾸어야 합니다.

'결핍이 희망이다'라고 말하고 싶습니다. 희망이 반드시 찾아온다고 단정 지울 순 없지만, 그것은 지상의 길과도 같습니다. 길은 본래 지상에 있는 것이 아닙니다. 사람들이 그 길을 가다 보면 길은 스스로 나게 되어 있습니다. 그래서 희망이 있는 것입니다.

커튼을 걷고 세상을 바라보는 시선

"노력하면 안 되는 게 없다"라고 합니다. 타고난 재능에 의해 가능성이 배가 되는 경우가 있지만 노력해도 안 되는 건 안 됩니다. 거기에 집착하면 무너지는 지름길이 될 수도 있습니다. 그 순간 놓을 줄 아는 타이밍이 중요합니다. 쉽지는 않겠지만 선택의 순간이 운명을 갈라놓을 수 있습니다.

인간에겐 어쩔 수 없는 한계가 잠재되어 있습니다. 어떤 식으로 살아갈지는 개인의 의지에 달려 있거나 신이 부여한 운명에 수긍하는 수밖에 없습니다. "신은 죽었다"고 하지만, 우리가 기댈 수 있는 희망이 있다는 것에 대해선 그 누구도 부정하진 못할 것입니다.

그 희망을 신의 영역으로 치부해 버리기엔 삶의 의미가 사라질 수 있습니다. 그래서 자신을 긍정적인 생각으로 컨트롤하는 것이 지름길입니다. 그렇게 되면 열 받아서 혈압 올라가는 소리 듣지 않아도 됩니다. 화를 낼 이유가 없고 미워하는 사람도 줄어들게 됩니다. 이런 마음을 가지게 되면 멀리 바라볼 수 있는 즐거움이 동반되기도 합니다.

마지막이라는 한계에 이르렀을 때 필연처럼 서로를 인정하는 마음도 생기게 됩니다. 그것이 기대와 근사치엔 미치지 못할 수도 있습니다. 하지만 이해와 더불어 상대를 안을 수 있는 여유가 생기면서 고마움이 움트게 됩니다. 그 마음은 빛이 되고 그 빛은 확대되어 즐거움으로 연결됩니다.

젊은 날, 문구점에 우표를 팔러 다녔고, 트럭 운전을 하면서 종일 마트로 음료수를 배달하였고, 물장수로 불리던 시절 생수통을 들고 집집을 다녔고, 오리고

기를 전국 대리점으로 배달하기도 했습니다. 당시 그런 일을 하면서도 자학은 하지 않았습니다. 하지만 그런 일을 하는 것이 내 길이 아니란 생각엔 변함이 없었습니다. 당시엔 모든 것이 한계였고, 스스로 인정하고 받아들이기까지 많은 시간이 필요했습니다. 그 후의 새로운 삶이 펼쳐지기까지 지난 과정이 없었다면 오늘의 나는 없었을 겁니다.

사람은 사람으로서의 입장이 누구에게나 다 있습니다. 사람으로서 감수해야만 하는 한계도 가지고 있습니다. 신이 사람이 아닌 것처럼 신도 사람이 아닙니다. 일부 사람은 신과 대등한 관계로 착각하는 경우가 있습니다. 살아가면서 그 관계를 믿는 어리석음도 가지고 있습니다. 거기에서 벗어나 인간의 한계를 인정했을 때 마음이 안정된다는 것을 잊어선 안 됩니다. 그것이 진정한 스트레스를 이겨내고 건강한 삶의 출발점이 된다는 것을 잊지 말았으면 좋겠습니다.

학력과 직장이 주목받는 세상이지만 밖으로 드러난 간판이 행복을 주진 않습니다. 좋은 대학, 좋은 직장이 아니더라도 자신이 하고 싶은 일을 하면서 사는 게 최선의 행복일 수 있습니다. 하지만 그렇게 되는 게 쉽지는 않습니다. 그 이유는 인간의 본성인 욕망 때문입니다.

『욕망의 진화』의 저자 데이비드 버스는 이렇게 이야기했습니다.

"우리 삶의 가장 큰 부분을 차지하는 인간관계를 이해하고자 한다면 우리 눈을 스스로 가려왔던 커튼을 걷고 똑바로 현실을 바라봐야 한다."

여기에서 눈을 가려왔던 커튼이란 욕망을 의미합니다. 욕망이 앞서면 현실을 직시하지 못할뿐더러 그 욕망에 빠져 허우적거릴 수도 있고 성취하더라도 결국 무너지게 됩니다.

진정한 예배란 예배당을 떠나는 순간부터 시작된다고 했습니다. 진정한 예술도 예술 책을 덮는 순간부터라고 했습니다. 새로움의 시작, 깨어남의 출발도 여기에서 행복이 싹틉니다. 내가 가지고 있는 지식, 내가 알고 있는 배움은 어느 순간 내려놓게 되면 그동안 보지 못한 것들이 새롭게 다가옵니다. 놓는 법을 배우면 새롭게 태어날 수 있다는 믿음을 잊지 말았으면 좋겠습니다.

나와의 경쟁에서 성숙은 탄생한다

"남과의 경쟁은 나를 다급하게 만들고 나와의 경쟁은 나를 성숙하게 만든다."는 말이 있습니다.

어릴 때부터 가족 내에서도 경쟁은 자연스럽게 이루어집니다. "형 이기려고 하면 니 가랑이 찢어진다!" 어머님이 동생한테 하던 말입니다. 지기 싫어하는 동생이 끝까지 이기려고 형 따라 하던 것을 빗댄 말입니다. 형이 하는 건 자기도 다 할 수 있다는 동생의 경쟁 심리의 발로였습니다.

가족 간의 경쟁은 정상적으로 이루어지는 일반적인 논리와 가깝습니다. 하지만 경쟁으로 인한 갈등과 스트레스는 생각할 필요가 없습니다. 가족의 경쟁은 긍정적인 관계를 형성하고 있기 때문입니다. 갈등이 생기면 대화의 기술로 풀면 됩니다. 그리고 개인의 표현과 정체성을 좋은 관계로 유지할 수 있도록 도움을 주면 됩니다.

학교에서의 경쟁은 보이지 않는 치열한 전쟁터입니다. 경쟁에서 밀리면 안 된다는 생각은 대학 진로와 맞물려 있기 때문입니다. 학원 다니고 과외를 하는 이유는 미래의 삶과 연계되어 있기 때문입니다. 이런 제도와 경쟁을 유발하는 것은 사회적인 제도 때문입니다.

"누군 하고 싶어 합니까? 안 하면 도태되니까……"

하지만 경쟁이 없다면 어떻게 되겠습니까. 자본주의 사회에선 살아가는 데 지장을 초래할 수 있습니다. 어떤 사람은 경쟁이 없으면 다 죽는다는 사람도 있고, 경쟁이 국가 발전의 밑거름이 된다고 주장하기도 합니다. 맞는 말입니다. 하지만 경쟁이 다 옳고 좋은 것만은 아닙니다. 만약에 사람이 살면서 행복추구권을

각자에게 의무로 주어진다면 경쟁에 동참하지 않을 것입니다.

학교에서부터 시작해 사회생활을 하다가 노후에도, 병원이나 죽음에 이르기까지가 다 경쟁 속입니다. 물질적으로도 누가 더 많이 가지는지 경쟁해야 합니다. 하지만 경쟁을 하는 것은 어쩔 수 없다고 하더라도 경쟁을 하면 적수가 생기게 됩니다. 결국 약자는 강자를 원망하고 강자는 약자를 우습게 봅니다.

하지만 스포츠를 보면 다릅니다. 적수가 생기면 그들만의 흥미로운 스토리가 생성되면서 거기에 사람들은 열광합니다. 이런 경쟁엔 환호와 박수를 아낌없이 보냅니다.

경제학자 슘페터는 이렇게 말했습니다.

“자본주의의 커다란 성공이 결국에는 자본주의의 종말을 가져올 것이다.”

노동시장에서 경쟁력을 갖추지 못한 사람들은 경쟁의 냉혹함에 고통받습니다. 물론, 노력하지 않아 자업자득으로 경쟁에서 낙오되는 사람도 있습니다. 하지만, 가난의 대물림이나 사회적 제도 때문에 낙오되는 사람도 있습니다. 이는 분명 도덕적 담론이 필요한 문제입니다. 자업자득이라고 하더라도 고통의 기간이 길어지거나 정도가 과도하면 이 또한 고민이 필요합니다.

경쟁이 우리를 외톨이로 몰아가는 것만은 아닙니다. 공동체 정신과 우정을 다시 살릴 수 있는 최선의 길은 경쟁심을 가지고 스스로 받아들여야 합니다. 그런 경쟁을 함께하는 사람들을 포용해야 합니다. 경쟁이란 상대를 꺾고 올라서는 것보다 공동체를 위한 것이란 생각을 먼저 하면 됩니다. 그것이 다른 사람을 돕는 길입니다.

경쟁하고자 하는 충동은 다른 사람에게 보여주기 위한 것이 아닙니다. 그보다는 자신이 세상을 살아갈 자격이 있다는 데 초점이 맞춰져 있습니다. 그것은 스스로 뿌리를 후대에 남길 존재라는 것을 보여주는 것이기도 합니다.

아래 소개하는 두 가지 명언에 경쟁의 상반된 깊은

뜻이 다 담겨 있습니다.

"경쟁이라는 자극이 없으면 누구나 평생 빈둥거리기만 한다."

"모든 경쟁은 얻을 게 없다."

잠수함의 토끼

처음 문단에 발을 들여놓았을 때였습니다. 인사차 방문한 등단 문예지 주간이 힘주어 말한 것을 지금도 잊지 않고 있습니다.

"시 쓰기 전에 먼저 인성부터 갖추어라!"

앞으로 어떻게 시를 쓸 것인지도 몰랐던 나에게는 그 의미의 깊이가 남다르게 다가왔습니다. 그 말을 듣고 대답은 씩씩하게 했던 기억이 납니다. 하지만 집에 돌아와 곰곰이 생각해 보니 그 말속엔 처신과 배려가 포함되어 있었습니다. 세상을 바라보는 몸가짐을 잘 하라는 것으로 받아들였습니다.

세상이 세 번 바뀌었듯 등단 삼십 년, 이 지점에서 사람을 먼저 생각하고 글을 써 왔는지 뒤돌아보면 아쉽고, 후회도 됩니다. 그동안 문단의 일원으로서 독자들에게 과연 떳떳한가에 대해 곱씹어 보면 쉽게 대답을 할 수 없습니다.

이육사는 일제강점기 독립운동을 하면서도 시를 발표하고 수필과 평문 등 수많은 글을 썼습니다. 그는 수필「계절의 오행」에서 이렇게 밝혔습니다.

"행동은 말이 아니고 나에게는 시를 생각한다는 것도 행동이 되는 까닭이오."

암울한 시대에 나라를 찾기 위해 목숨을 바친 이육사의 시적 정신은 몸으로 실천하는 것과 동일시하였습니다. 행동과 시의 정신이 지향한 것은 결국 백성이었습니다. 나라를 뺏긴 우리 민족의 고된 삶을 해방시켜 주는 것이 이육사에게 글쓰기의 정신적 의미였을지도 모릅니다.

유명한 작가의 삶이 본인이 저지른 과거의 잘못으로 하루아침에 나락으로 떨어진 걸 봐왔고, 미투 바람이 불 때 이름이 SNS에 퍼지면서 스스로 목숨을 끊은 젊은 작가도 있었고, 표절 사건에 휘말려 그동안의 명성이 낭떠러지로 떨어지는 걸 봐왔고, 선망의 대상이 되었던 작가의 사상적 변절로 실망한 사람들의 욕설도 들어봤습니다. 이렇듯 작가의 길은 자신에겐 엄중하고 책임이 따를 수밖에 없는 사회적 공인입니다.

루마니아 작가인 게오르규의 소설『25시』에서도 진정한 문인의 길이 어떤 모습인지 밝히고 있습니다. 소설 공간인 잠수함에선 승조원들의 생존을 위해 신선한 공기가 절대적으로 필요합니다. 비상사태에 대비해 생각해 낸 것이 토끼를 잠수함에 두는 것입니다. 토끼는 내부 공기가 탁해지면 민감하게 반응합니다. 산소가 부족하거나 압력에 이상이 생기면 토끼 귀의 혈관이 사람보다 먼저 파열되기 때문이었습니다.

어느 날 잠수함에서 토끼가 죽었습니다. 잠수함 함장은 탁한 공기에 귀가 민감했던 게오르규를 토끼가 앉아 있던 그 자리에 앉혔습니다. 잠수함의 수병으로 근무했던 자신의 체험을 바탕으로 쓴『25시』에서 게

오르규는 문인들에게 한마디 했습니다. 문인의 사명이 '잠수함의 토끼' 같은 존재라고 했습니다.

현실이라는 세계가 지닌 문제점들을 인식하고, 그것에 대비해서 사회에 경각심을 일깨워 주는 것이 진정한 문인의 길이라는 것입니다. 사람이 먼저이면서 불의에 맞서는 행동과 정신은 일치해야 합니다.

문인의 길과 문학의 길은 같은 것으로 생각하지만 사실 다릅니다. 인(人)과 학(學)이 보여주듯이 사람이 먼저고 그다음이 학문이기 때문입니다. 어떤 마음으로 어떤 자세로 문학을 하는가에 따라 문인의 길과 문학의 길도 달라질 수 있습니다.

이육사나 게오르규가 실천한 정신과 행동이 하나가 되었을 때 진정한 문인의 길을 간다고 할 수 있을 것입니다. 이 시대에 정의롭지 못하거나 도리에 어긋나는 것을 보고도 침묵하거나, 공정하지 못한 일에 뒤로 물러나거나, 방관하는 것도 문인의 길이 아님을 가슴으로 새겨야 하겠습니다.

자연의 이치란 죽을 때 죽는 것이다

겨울만 되면 겁이 나고 왠지 슬퍼집니다. 함박눈이든 싸락눈이든 진눈깨비든 눈만 오면 두렵습니다. 하지만 별빛 쏟아지듯 눈이 내리면 가슴이 풍선처럼 부풀어 오를 때도 있었습니다. 흥분을 참지 못해 마당으로 뛰쳐나가 강아지처럼 미친 듯이 온 사방을 뛰어다녔습니다. 그러다 지치면 눈 위에 벌렁 드러누워 하늘을 가슴으로 안아보기도 했던 기억이 납니다.

아침 출근길이었습니다. 전날 밤에 싸락눈이 내려 음지엔 살얼음이 얼어 있었습니다. 산매골 집에서 출발하여 새로 개통된 영주 방향을 늘 같은 속도로 달렸습니다. 녹전면사무소에서 이백 미터 전 녹내리 내리막길을 다 내려왔을 때였습니다. 미터기는 20km를 가리키고 있었고, 저는 핸들을 꽉 잡은 채 다 내려왔다고 안심할 때였습니다. 커브 길이라 브레이크를 살짝 밟자 차가 갑자기 360도 회전한 뒤 우측 가로수 옆 흙더미 쪽으로 박혀버렸습니다. 제 뒤에 따라오던 트럭이 제 차 우측을 치고 논두렁으로 굴러떨어졌습니다.

논두렁에 박힌 트럭 기사는 사고 후 3일 만에 어린 딸 둘을 남겨두고 세상을 떠났습니다. 전혀 예상하지 못한 일을 당하다 보니 공황 상태처럼 되었습니다. 죽음과 삶의 의미가 이렇게 간단한가에 대한 의문 또한 떨쳐버릴 수가 없었습니다. 그 당시에 십 분도 채 되지 않아 구급차가 도착했을 땐 트럭 기사는 멀쩡하게 살아 있었습니다.

살아 있다는 것은 존재하고 있다는 것이고, 죽었다는 것은 이 세상에 존재하지 않는다는 것입니다. 이렇게 간단한 진리임에도 불구하고 이 사건이 던져준 의

미에 대해서 생각만 해도 가슴이 울렁거립니다. 다른 사람들은 저보고 운이라고 말했습니다. 단순하게 생각을 하려고 해도 간단하게 넘길 수 없는 그 무엇이 지금도 가슴에 옹이처럼 박혀 있습니다.

죽음을 목격하고 그 죽음을 바라보는 우리는 언젠가 똑같은 그 길을 갈 것입니다. 우리가 죽음을 두려워하는 이유 가운데 하나는 죽음을 경험하는 과정에서 겪는 고통에 대한 두려움 때문입니다. 죽음 이후의 세계를 알지 못하기 때문이기도 합니다. 혹은 이 세상에 대한 집착이나 미련 때문에 죽음을 두려워할 수도 있습니다.

그러나 죽음을 두려워하는 이유는 아마도 사랑하는 가족과의 단절 때문일 겁니다. 다시 만날 수 없는 헤어짐이라고 생각하기 때문에 더 두려운 것입니다. 트럭 기사가 남겨놓은 가족들에겐 두려움조차 인식하지 못한 채 살아야 하는 존재에 대한 슬픔이 가슴을 아리게 할 뿐입니다.

자연의 질서에 따라서 사는 것이 자연이 인간에게

준 혜택입니다. 또 죽을 수 있을 때 죽는 것도 마찬가지입니다. 반대로 자연의 질서를 따르지 않고 살 수 있을 때 그렇게 살지 않는 것은 자연의 형벌입니다. 죽을 수 있을 때 죽지 못하는 것 역시 마찬가지입니다. 자연의 질서에 따라 살 만한 때 살고, 죽을 만할 때 죽는 것은 자연의 이치입니다.

생사란 나 아닌 물건이 그렇게 시키는 것이 아니고, 내가 그러고 싶어서 그러는 것이 아닙니다. 그것은 자연의 명령일 뿐 결코 인간의 지혜로는 어쩌지 못합니다. 자연의 법칙은 아득하고 무한합니다. 그 법칙은 천지도 어길 수 없고 그 누구도 간섭할 수 없으며 귀신도 속일 수 없습니다. 묵묵히 사물을 물러가게 하고 보내 주며 맞아들이고 있습니다.

눈만 오면 그 눈과 함께 자연이 베푸는 범위 안에서 몸과 마음도 그 안에서 녹아내립니다. 트럭 기사의 죽음이 잊혀가면서 자연의 품 안에서 또 살아갑니다. 단지 살아 있음으로서 그 무엇을 생각할 뿐 눈은 어김없이 또 내릴 것입니다.

Ⅳ. 고고한 인연

하늘에 별 대신 유골을 쏜다

유교의 덕목 중에 으뜸으로 치는 것이 봉제사접빈객(奉祭祀接賓客)입니다. 조상님 제사 잘 모시고, 오는 손님 극진히 대접하는 것입니다. 양반의 도시로 알려진 안동 문화 중에 아직도 맥을 이어가고 있는 것이 봉제사입니다. 하지만 시대가 변하면서 제사를 지내는 예법이 날이 갈수록 빠르게 변해 가고 있습니다. 바쁜 사회생활로 인한 제관들의 감소로 제사는 식구들만 지내는 경우가 많고, 부모님 제사를 합쳐서 지내는 경우도 비일비재합니다. 이렇듯 조상에 대한 예법이 변해 가듯 장례문화도 시대에 빠르게 순응해 가고 있습니다. 매장이 대부분이었던 지역 사회에서도 이젠 화장이 80%까지 육박하고 있습니다.

며칠 전입니다. 집안 서류를 정리하다 우연히 발견한 어머님의 유언장을 발견했습니다. 아버님 돌아가시고 작성한 유언장입니다. 아버님은 선산에 매장해 모셨지만 어머님은 화장을 주장하시면서 자식들에게 유언을 남겨놓으셨습니다.

올해 어머님의 연세가 여든여섯입니다. 십 년 전에 작성한 유언장 내용은 돌아가시고 난 뒤 장사치를 때 예법을 간소화하란 것입니다.

"내 죽으면 빈소 상에는 꽃이나 놓고 '포' 등 아무것도 놓지 마라. 수의는 만들어 놓은 것 쓰고, 입관 때 입에 쌀 넣는 것 하지 마라. 상복은 간단하게 입어라. 아들과 사위들은 두건만 쓰고, 안 상주와 딸네들은 띠만 매어라. 사촌 조카들은 두건도 쓰게 하지 마라. 성복 제사 지내지 말고, 상석 드리는 것도 하지 말고, 발인제도 지내지 마라. 장사 제사 지내지 말고, 식사만 사 갖고 와서 먹어라. 사미 없이 장삿날 탈상하여라.

초상 관련 제사는 하나도 없이 하여라."

과거에는 사람이 죽으면 대부분 유교의 예법에 따라 시신을 묻었습니다. 요즘은 화장으로 바뀌어 가고 있습니다. 장례 문화의 흐름을 살펴보면 맨 처음 장례를 치렀던 기록은 12만 년 전입니다. 호모사피엔스 유적에서 장례의식과 유사한 흔적이 발견되었습니다. 고인돌도 장례의식이자 무덤입니다. 최초의 무덤은 이스라엘에 위치한 카프제 언덕 동굴 무덤이라고 알려져 있습니다. 이곳에 호모사피엔스의 유골과 소장품들이 가지런히 함께 묻혀 있었다고 합니다. 이런 장례의식은 사후세계에 대한 믿음에서 비롯되었을 것이라고 추측합니다. 먼저 떠난 사람에 대한 그리움과 슬픔은 과거나 지금이나 똑같은 것 같습니다. 원시시대 때부터 있었던 장례 문화가 시대에 맞추어 변화하고 있습니다.

매장 문화의 전통을 갖게 된 것은 조선왕조에 들어서였습니다. 조선왕조가 유교 국가였기 때문입니다.

그런데 삼국시대나 고려시대는 화장 문화였습니다. 고려는 불교 문화가 지배한 불교 국가였습니다. 만일 우리의 직접적인 전통이 조선이 아니라 고려였다면, 우리의 생각이나 습관 등도 매우 달랐을 것입니다. 유교는 화장을 꺼리고 매장을 당연시했습니다. 그러나 삼국시대와 고려시대는 화장이 일반적이었고, 이 일을 담당하는 국가기관이 있을 정도였습니다.

시대의 변화에 따라 21세기 장례 문화가 사후(死後) 산업으로 각광을 받고 있습니다. 수의나 관, 납골당 등으로 대표되는 기존 장례 서비스가 유골다이아몬드, 우주·빙장, 친환경 매장, 임종 체험 등으로 한 단계 진화했습니다. 추모 산업이라고도 불리는 사후 산업에는 '하늘에 별 대신 유골을 쏜다' '사람은 죽어서 별이 된다'는 옛말이 현실화됐습니다. 유골 분이나 머리카락 등을 특수 캡슐에 담아 지구 밖으로 쏘아 올리는 우주 장례가 몇 년 전부터 확산되고 있습니다. 로켓은 우주로 올라가 지구의 궤도 위에 골분이 담긴 캡슐을 띄웁니다. 이 과정은 DVD로 녹화돼 고인의 유족에게 전달됩니다. 살아생전 가보지 못한 우주를 죽어서 다녀오게 되는 셈입니다.

이렇듯 진화해 가는 장례 문화는 굳이 3일장을 하지 않아도 바로장이나 1일장을 선택할 수도 있습니다. 품앗이 하듯 부조와 조화를 보내는 문화, 장례 의식에 너무 많은 돈을 써야 하고, 문상객들의 형식적인 조문 또한 바뀌어야 할 우리들의 장례 문화입니다. 출생은 선택할 수 없으나 장례 방식은 본인이 선택할 수 있습니다. 태어난 모든 생명은 언젠가 모든 것을 내려놓고 떠나야 합니다. 그때를 맞아 삶에 연연하기보다는 의연하게 대처하는 것이 아름다운 죽음의 길로 가는 것일지도 모릅니다.

개똥밭에 굴러도 이승이 좋다

얼마 전 지인의 죽음이 믿기 힘들어 마음이 정리되지 않고 있습니다. 건강했고 옆에서 지켜봐 온 저는 너무나 씩씩했던 그였기에 갑작스런 죽음의 통보는 충격이었습니다. 서울 병원에서 췌장암이란 진단을 받고 내려와 만난 그의 몸무게가 10kg나 빠져 알아보지 못할 정도였습니다. 이미 마음의 준비를 하고 있는 것처럼 보였습니다. 하지만 얼굴엔 불안과 슬픔의 표정이 교차하고 있었습니다. 모든 것을 내려놓았다는 그는 죽기 전 세례를 받고 하늘나라로 갔습니다. 그런 그가 떠난 지 한 달이 지나고 있습니다. 죽음에 대한 생각이 머릿속에서 떠나질 않습니다.

죽음을 사전엔 이렇게 정리해 놨습니다. "한 생명체의 모든 기능이 완전히 정지되어 원형대로 회복될 수 없는 상태"이거나 "죽음의 세계란 인간의 경험 영역, 지각 영역을 넘어서는 차원의 문제에 속하기 때문에 그 본체를 파악하기란 불가능하다"고 기술이 되어 있습니다.

사람들은 죽음에 대해 자기만의 독단을 많이 개입시킵니다. 각자 자신의 시선을 통해 죽음을 보는 것입니다. 그것은 죽음에 대한 통일된 답변을 들을 수 없기 때문입니다. 죽음이라는 것이 그만큼 인생에서 중대 문제이고, 누구나 한번은 겪어야 할 피할 수 없는 사실이며, 또 그것으로 모든 것이 종말을 맞이하기 때문입니다.

죽음의 형태도 가지각색입니다. 천수를 누리고 기력이 쇠진하여 저절로 여러 기능이 멈추는 자연사가 있는가 하면, 아직 창창한 나이에 뜻하지 않은 원인으로 죽음을 맞는 우연사도 있습니다. 우리나라 사람은 예로부터 '오래 사는 것'을 가장 큰 행복으로 삼았고, '제명대로 살다가 편안히 죽는 것'을 오복의 하나로 꼽았습니다.

몽테뉴는 그의 『수상록』에서 다음과 같이 적고 있습니다.

"어디에서 죽음이 우리들을 기다리고 있는지 모른다. 곳곳에서 기다리지 않겠는가! 죽음을 예측하는 것은 자유를 예측하는 일이다. 죽음을 배운 자는 굴종을 잊는 것이고, 죽음의 깨달음은 온갖 예속과 구속에서 우리들을 해방시킨다."

어쨌든 사람은 죽지 않으면 안 되고 단 한 번 혼자서 죽습니다. 그리고 그것은 삶의 끝맺음입니다. 누구도 피하지 못하고 거부하지 못하며 온몸으로 받아들여야 합니다. 이러한 죽음에 대한 인식에 대해 우리는 외면하려 듭니다. 그래서 이렇게들 말합니다.

"개똥밭에 굴러도 이승이 좋다."

가난에 찌들고 천대를 받아도 이 세상에서 사는 것

이 좋다는 말입니다. 죽음을 피할 수는 없습니다. 굳이 외면하고 싶지만 가까이 있음을 알고 있습니다. "저승 백 년보다 이승 일 년이 낫다"고는 하지만 '저승길이 대문 밖'입니다. 죽음은 늘 가까이에 있는 것입니다. 그래서 오복의 마지막은 '제명대로 살다가 편안하게 죽는 것'입니다.

이 세상에 살면서 존재하는 모든 것은 실체가 없으며, 따라서 낳았다고 말할 수 있는 것도 없고, 사그라져 없어졌다고 말할 수 있는 것도 없으며, 더럽혀진 것도, 깨끗한 것도, 더해졌느니, 덜해졌느니, 따질 것도 없다는 것입니다. 실체가 없으니 물질적 현상이나, 감각이나, 표상이나, 의지나, 지식 같은 것이 있을 리 없고, 눈도, 코도, 귀도, 혀도, 몸뚱이도 없습니다. 그래서 삶이 곧 죽음이요, 죽음이 곧 삶입니다.

공자는 제자인 자로가 죽음에 대해 묻자 다음과 같이 대답했습니다.

"삶에 대해서도 모르거늘 어찌 죽음에 관하여 알겠는가."

아직 삶에 대해서도 모르면서 어찌하여 죽음까지 알려 하느냐며 제자가 차근차근 공부하지 않고 덤벙대는 것을 꾸짖는 말일 수 있습니다. 또는 삶을 알게 되면 죽음은 저절로 알게 된다며 타이르는 말일 수도 있습니다. 아무튼 이 말에서 공자는 죽음보다 삶을 더 중시하고 있었음을 알 수 있습니다.

우리는 죽음과 마주하는 법을 배워야 합니다. 죽음은 누구에게나 옵니다. 단지 시간이 달라서 아직 먼 것처럼 느껴지지만 소리 소문 없이 찾아오기도 합니다. 그러나 우리는 죽음을 삶의 과정으로 생각하지 않기 때문에 죽음을 두려워하게 됩니다. 죽음을 다른 세상으로 여행을 떠나는 것으로 생각하는 게 중요합니다. 죽음을 삶의 일부로 생각한다면, 죽음은 더 이상 두려운 존재로 남지 않을 것입니다. 죽음을 준비하는 것은 태아가 열 달 동안 엄마 뱃속에서 새로운 세상을 꿈꾸는 것과 같습니다.

김하인 소설가의 '죽음을 사랑합니다'란 글을 보면

죽음은 바로 사랑하는 것과 같습니다.

“왜 이렇게 열렬히 사랑하는지 당신 잘 이해 못 하시는군요. 그건 제가 죽어가는 존재이기 때문입니다. 단 한 번뿐인 삶으로, 매 순간 제 죽음으로, 당신 전부를 사랑하기에 그토록 뜨거운 겁니다.”

의미가 된다는 건 재미있는 일

학창 시절, 나만의 비밀 공간은 삼베를 빗거나 누에를 치던 작은 흙집이었습니다. 겨울엔 곡식 자루를 저장해 두던 공간이기도 했습니다. 이곳이 겨울만 되면 나만의 비밀 공간으로 변하던 곳이었습니다. 《선데이 서울》이나 《아리랑》이란 잡지를 스릴 있게 훔쳐보던 사춘기 때의 배설과 성장의 공간이기도 했습니다.

그곳은 잠시 동안이었지만 희열과 열망이 공존하던 장소이기도 했습니다. 상상의 나래는 무한하고, 미래에 대한 대상은 끝없이 펼쳐지고 매력적인 배우는 나와 함께 꿈을 꾸기도 했었습니다. 또한 그곳은 내가 가지고 싶어 하던 것을 만들어 내던 작업 공간이기도 했습니다. 새총을 만들 때도, 토기를 잡을 때 쓰던 올무도, 하늘을 향해 끝없이 날아가던 연을 만들 때도 이 공간을 사용하였습니다.

우리 마을은 하논실이었습니다. 가운데 중논실, 그 위에 상논실, 이렇게 마을이 이루어져 있었습니다. 초등학교 시절 중논실과 상논실에서 학교를 다니던 아이들은 하논실 아이들의 눈치를 보거나 피해 다닐 수밖에 없었습니다. 등교하거나 하교를 할 때면 우리 마을을 통과해야만 했습니다. 하논실 아이들은 텃세를 부렸습니다. 마을 초입에 숨어 있다가 하교하는 중논실 아이들에게 딱지나 구슬을 빼앗기도 했습니다. 그러던 어느 날 중논실 상급생 한 명에게 하논실 아이들 여럿이 달려들었습니다. 딱지를 빼앗으려다 엉겁결에 내 손에 눌려 상급생의 머리가 길바닥 자갈에 부딪쳐 피를 흘렸습니다.

그 상황에서 모두들 도망을 갔습니다. 나는 집으로 달려가 가방을 마루에 팽개쳐 놓고 숨어든 곳이 옆집

소를 키우던 헛간이었습니다. 짚을 쌓아놓은 그곳에서 쪽문을 통해 바깥 상황을 주시한 채 쪼그려 앉아 있었습니다. 한두 시간이 지난 뒤 골목 부근에서 큰 소리가 들리기 시작했습니다. 피를 흘렸던 상급생 어머니가 우리 집 골목 앞에 나타난 것이었습니다. 겁을 잔뜩 먹은 나는 짚 위에 앉아 무릎에 고개를 처박고 있었습니다. 시간이 얼마나 흘렀는지 몰랐습니다. 깜박 잠이 든 것 같기도 했습니다. 마을이 조용해지고 밖은 어둠이 밀려들기 시작했습니다. 그 상황에서 일어설 수가 없었습니다. 배도 고팠지만 아버지에게 야단맞을 생각을 하니 도저히 용기가 나지 않았습니다. 그날 나는 그곳에서 짚을 덮고 꿈속을 날아다녔습니다. 조금씩 평화가 찾아오더니 새가 되어 하늘을 나는 꿈을 꾸며 잠에 빠져버렸습니다. 밤새 찾아다니던 어머니의 목소리가 들리기 시작했습니다. 어떻게 찾았는지 어머니는 "야야, 니 여기 있었나, 어여 집에 가자." 그때, 숨어 있었던 헛간의 짚은 캐시미론 담요보다도 따뜻했고, 꿈속에 나타나 자유롭게 비행을 하던 새는 아직도 가슴 한쪽에서 날아다니고 있습니다.

지금 나에게 있어 행복한 공간은 화장실입니다. 안방에 있는 화장실은 언제부터인지 나 혼자만 쓸 수 있는 공간으로 바뀌어 있습니다. 아이들이 다 나가고 집사람이 자연스럽게 거실 화장실을 쓰게 되면서입니다. 아침잠이 있는 버릇이기도 하지만 나만의 공간을 방해하기 싫다는 의도도 숨겨져 있습니다. 이유는 한 가지입니다. 내가 화장실에서 책을 읽기 때문입니다. 화장실 문을 열면 라벤더 향이 은은하게 피어나고, 구석에 마련된 작은 서고엔 읽지 않은 책들이 가지런히 꽂혀 있습니다. 읽은 책들은 거실 책꽂이로 옮겨지고 새로운 책들이 놓입니다. 배수아 소설집『뱀과 물』, 조해진 장편소설『로기완을 만났다』, 장이지 시집『레몬 옐로』, 김중식 시집『울지도 못했다』가 순서를 기다리고 있습니다.

의사들은 화장실에서 책을 읽는 것은 변비를 키우는 것이라고 했습니다. 나는 배출을 하고 난 뒤 뚜껑을 덮고 책을 읽기 때문에 변비하고는 상관이 없습니다.

그리곤 책 속에 빠져듭니다. 시간은 그리 길지 않습니다. 1시간에서 1시간 반 정도입니다. 습관이 무섭다는 말이 맞는 것 같습니다. 매일 반복되다 보니 정확하진 않지만 일 년에 60~70권은 읽는 것 같습니다. 책 옆에는 메모를 할 수 있는 노트가 놓여 있습니다. 읽다가 눈에 띄는 문장은 습관적으로 적습니다. 노트엔 "쓰기 시작해야 사람이 생겨나고 이야기가 흘러가고 의미가 떠오른다는 건, 어쨌든 재미있는 일이다."라는 메모가 적혀 있습니다. 정영수 소설가의 「더 인간적인 말」이란 작품에서 옮겨 놓은 문장입니다.

타향에서 만든 서정시

고향인 산골 마을 영양에 살 때 새경을 받고 일하는 사람이 있었습니다. 우리 집 일꾼이었습니다. 그 시절엔 그렇게 불렀습니다. 드물지만 시골에서 부농들은 일꾼들이 두세 명도 있었습니다. 고향이 아닌 타향에서 남의 집에 들어와 산다는 것은 힘이 드는 정도가 아니었습니다. 특히 씨족사회를 형성하고 있는 마을에서는 더욱 그랬습니다.

지금은 그때 일꾼을 형님이라고 부르고 있지만 그 전엔 어떻게 불렀는지 기억이 없습니다. 월남 전쟁 때 파병을 갔다 돌아와 낯선 우리 마을에 들어와 살았습니다. 왜 들어왔고, 어떻게 우리 집에 왔는지 몰랐습니다. 나에겐 열심히 일하는 착하고 따듯한 형님이었습니다.

남의 집에서 일하며 산다는 것은 쉽지 않은 생활입니다. 우리 집에 들어와 산 지 시간이 좀 지났을 때였습니다. 이미 우리는 한 가족이었고 식구였습니다. 썰매, 새총, 연, 팽이 등 내가 원하면 뭐든지 척척 만들어 주었습니다. 하지만 보상은 없었습니다. 부탁도 하지 않은 것을 만들어 나에게 건넬 땐 입가에 미소가 가득했습니다.

그러던 어느 날이었습니다. 나는 마을 아이들과 소를 몰고 풀 먹이러 갔습니다. 오 리쯤 떨어진 덕골이란 산 입구에 소를 풀어놓았습니다. 우리는 모여서 골 입구 밭에 있는 감자를 몰래 캐 구워 먹으면서 놀았습니다. 어스름 질 때까지 놀다가 소를 찾으러 골을 따라 들어갔습니다. 같이 간 아이들은 소를 다 찾았는데 우리 소만 없었습니다. 온 사방을 다 뒤져도 보이질 않았습니다.

다른 아이들까지 찾아 나서 봤지만 찾을 수 없었습니다. 할 수 없이 눈물이 범벅된 채 집으로 돌아왔습니다. 집에 와서도 마구간을 들여다보고 또 보곤 했습니다. 아버지와 어머니는 들에 나가 집으로 돌아오지 않았을 때입니다. 그때 별채에서 새끼를 꼬고 있던 형님이 울고 있던 나에게 자초지종을 듣고는 집을 나섰습니다.

얼마 뒤 집으로 돌아온 부모님이 울고 있는 나를 야단치지도 못하고 기다려 보자고만 했습니다. 우리가 저녁상을 물리고 난 뒤 밖으로 나갔던 형님이 소를 끌고 마당으로 들어섰습니다. 나는 달려나가 형님을 붙들고 또 울었습니다. 그 모습을 보고 계시던 부모님은 안도감으로 마구간으로 들어서는 소 엉덩이를 한 대 쳐주고는 쇠죽을 끓여주라고 형님에게 말했습니다. 나중에 형님이 소를 찾게 된 연유를 알게 되었습니다. 우리 소가 발정 난 걸 알고 형님은 소 먹이러 간 덕골 옆 마을 황소를 키우던 집에 가서 찾아왔습니다. 그것도 모르고 소를 잃어버렸다는 자책감에 아버지 얼굴을 마주 볼 수가 없었습니다.

그런 일이 있고 난 몇 달 뒤 형님은 우리 집을 떠났습니다. 어디로 갔는지 몰랐습니다. 아버지와 이미 상의가 다 끝난 뒤였습니다. 형님은 고향으로 돌아간 것입니다. 수십 년이 흐른 뒤 부모님이 서울로 이사를 오고 난 뒤에도 형님은 우리 집 연락처를 알아내서 부모님과 인연을 이어갔습니다. 부모님이 형님이 사는 곳으로 내려가 푸짐한 대접을 받고 왔다는 이야기를 듣고 만나보고 싶었습니다. 하지만 용기가 나지 않았습니다. 고향으로 돌아가 결혼한 뒤 자식들을 잘 키워서 주위 사람들이 부러워했습니다. 이젠 팔순을 바라보는 형님이지만 어릴 적 우리 집에서 살던 형님의 채취는 아직도 내 몸 안에서 떠나질 않고 있었습니다. 아직도 자신의 과거를 떳떳하게 이야기하며 부끄러움보다는 좋은 추억으로 간직하고 있는 형님이 부러웠습니다. 결핍이 풍요로 이루어지는 과정 또한 형님이 만든 삶이 서정시와 많이 닮아 있었습니다.

단장의 메아리는 끊어지지 않습니다

자식을 먼저 보내는 부모는 그 자식을 가슴에 묻습니다. 그리고는 온 생을 죄인으로 살아갑니다. 그 부모가 무슨 말을 하게 되면 옳다고 이야기를 하지 못합니다. 가슴에 남아 있는 죄의식 때문입니다. 세월호나 이태원 참사에 자식을 잃은 부모들도 마찬가지입니다. 이 땅엔, 안타까운 사연이 많고 많습니다.

옛말에 "죽을 목숨이면 코에 물 수(水) 자만 붙여도 죽는다"는 말이 있듯이 운명은 어찌할 수 없는 것입니다. 부모의 가슴에 못을 박는 생사여탈권(生死與奪權)은 하늘이 쥐고 있다고도 합니다.

중국 진나라 때 환온이라는 장군이 촉을 정벌하기 위해 배에 군사를 태워 양쯔강 삼협이라는 협곡에 이르렀을 때였습니다. 한 병사가 새끼 원숭이 한 마리를 잡아 왔습니다. 그러자 어미 원숭이가 배를 따라 강기슭을 백 여리나 쫓아오면서 슬피 울었습니다. 강폭이 좁아지는 곳에 이르자 어미 원숭이가 몸을 날려 배 위로 뛰어올랐습니다. 자식을 구하려는 애타는 마음으로 백여 리를 달려오는 바람에 배에 오르자마자 어미 원숭이는 숨지고 말았습니다.

병사들이 어미 원숭이의 배를 가르자 창자가 마디마디 끊어져 있었다고 합니다. 자식을 잃은 슬픔과 애통한 마음에 창자가 끊어진 것입니다. 환온은 이 말을 듣고 새끼 원숭이를 풀어주고 원숭이를 잡아 온 병사를 벌하였다고 합니다. 이 이야기에 빗대 몹시 슬픈 것을 단장(斷腸)의 슬픔이라고 합니다. 창자를 끊어내는 슬픔이란 뜻입니다.

감나무가 선감 익은 감을 떨어뜨리듯이 인간의 능

력으로는 막을 수가 없는 것이 운명입니다. 세상 모든 일을 곱씹어 보면 원인에 의한 결과라는 걸 미련한 인간만이 느낄 수 있습니다. 바람에 휘어지고 바람에 부러지듯이 같은 상황 속에서 살아야 할 자와 죽어야 할 자가 하늘의 뜻으로 이뤄진다는 것입니다. 그걸 운명(運命)이라고 합니다.

어느 부모든 제 자식이 소중하고 아깝지 않겠습니까? 그러나 부모가 자식을 대신할 수 없고, 자식이 부모를 대신할 수 없는 것이 운명의 길입니다. 슬퍼도 참아야 하고 애통해도 참아야 하는 것이 운명입니다. 먼저 간 자식이 편히 쉴 수 있게 자식을 가슴에 묻어야 하는 부모들을 우리는 이해해야 합니다. 세월호나 이태원 참사는 사고 난 그 시점으로 봐선 안 될 것입니다. 벌레 먹은 나무가 쓰러지듯, 부풀어 오른 풍선이 견디지 못하고 곪았던 상처가 터진 참상입니다.

세상에는 치유되지 않는 슬픔이 있습니다. 가슴에 자식을 묻는 것이 그것입니다. 그것은 살아서는 치유될 수 없는 것인지도 모릅니다. 내년에도 후년에도 그

날을 생각하며 부모라는 인연으로 가슴으로 눈물 흘리며 살아갈지도 모릅니다. 부모의 눈물은 무상한 삶의 진리마저도 지우며 평생을 흐를지도 모릅니다.

나는 생각했습니다. '나지 마라 죽기 어렵다. 죽지 마라 태어나기 어렵다. 인연이 그치면 눈물도 다한다. 인연이 다하는 날이 그 언제일지 모른다.' 겨울 햇살이 눈물처럼 발길에 밟힙니다.

「제망매가」라는 나의 졸시입니다.

"먼저 간 자식 머리에 얹고 초록 숲을 보면 가슴이 아려 쳐다보기 싫다 하고, 먼저 간 자식 가슴에 묻은 채 무지개 보며 보이지 않는 반쪽 뿌리 찾겠다 하고, 먼저 간 자식 눈에 넣으며 굴러가는 바퀴만 봐도 같이 굴러가고 싶다 하고, 먼저 간 자식 보내놓고 붉은 그림자 엉겨 있는 발끝에는 불이 타오른다 하고,"

길을 잃어도 사람은 잃지 마라!

코로나 펜데믹 시대에 가까이 지내던 두 분이 돌아가셨습니다. 한 분은 가족보다 주변 사람들에게 관심과 애정을 쏟으며 죽음을 맞았습니다. 또 한 분은 가족밖에 없고 주변 사람들에겐 눈도 돌리지 않은 채 하늘나라로 갔습니다. 가족에게 애정이 없었던 분은 밖에서 자신의 존재를 확인하며 사셨습니다.

그 이유 때문인지 죽는 날까지 가족들에겐 외면을 당했습니다. 가족만이 유일한 삶의 전부였던 다른 분의 장례식장엔 가족들만이 쓸쓸하게 가는 길을 지키고 있었습니다. 두 분의 죽음을 옆에서 지켜보면서 그들이 살아온 삶에 대해서 옳고 그름을 판단할 수 없었습니다. 가야 하는 길은 똑같지만 살아 있는 쪽에선 시각이 다를 수 있습니다. 두 사람은 자신이 연출한 극본 속에 사시다 가신 것입니다.

결국 자기중심적으로 살았다는 것입니다. 사람과의 관계에 대한 중요성을 인식하지 못한 채 산 것입니다. 어느 성직자의 말을 빌리면 세상에서 제일 중요한 것은 '사람'이고, 두 번째가 '관계'라고 했습니다.

가족을 우선시하고 가족에게만 애정을 갖는 사람이나 그렇지 않고 상반된 삶을 사는 사람들이 놓치는 게 있습니다. 가족을 자신의 소유물로 착각하는 경우가 있습니다. 가까운 사이일수록 애틋하게 여기고 익숙한 사이일수록 어려워하라는 말이 있습니다. 가족도 여기에 해당한다는 것을 잊지 말아야 합니다. 주변 사람들을 외면하면 아집에 빠질 위험이 많습니다. 그래서 어려운 일이 닥쳤을 때 손을 내밀어 주는 사람이 없게 됩니다.

'좋은 삶이란 이런 것이다'라고 단정 지을 수는 없습

니다. 인생의 정답도 마찬가지입니다. 하지만 보편적이면서 누구나 공감할 수 있는 삶을 살았다면 '그 사람 잘 살다 갔다'라고 합니다. 사람은 자연 속에 있지만 본질은 영혼입니다. 아리스토텔레스도 사람이 이성을 지니고 있으므로 다른 존재보다 우월한 것으로 봤습니다.

사실 여기에 함정이 있습니다. 오만함과 유아독존 그것입니다. 내가 아니면 안 된다는 생각입니다. 빛나 보이지만 그 빛을 벗겨보면 감춰진 어둠이 나타나게 됩니다. 거기서 빠져나올 수 있는 유일한 방법은 사람과의 관계입니다.

그 첫 번째가 배려입니다. 사람과 사람은 서로 동등한 관계라는 것을 인정하는 순간부터 시작됩니다. 그런 이성(영혼)을 가지고 있어야 하지만 그 이성을 놓치거나 무시하며 살아가는 사람이 대부분입니다. 사람만이 가진 이성은 주변과의 조화만으로 이룰 수 있습니다. 동물적 본능은 동물과 다르지 않습니다. 하지만 자제력만으로도 사람으로 돌아오기도 합니다.

그 자제력이 배려에 속합니다. 인내와 노력이란 것도 배려에서 잉태되기 때문입니다.

살면서 만나기 쉬운 것이 사람입니다. 물건을 잃어버리면 다시 살 수 있지만 사람은 아무리 애를 써도 똑같은 사람을 만날 수 없습니다. 사람이 중요한 이유가 여기에 있습니다. 좋은 사람과 나쁜 사람 구별하는 방법은 없습니다. 사람이 나쁨에서 좋음으로, 좋음에서 나쁨으로 변할 수 있기 때문입니다.

사람마다 향기를 가지고 있습니다. 그 향기를 잘 맡는 사람이 있습니다. 그 향기는 바로 관계에서 나옵니다. 그렇게 하기 위해선 자신의 관계부터 변화시키고 상대의 입장에 대해 이해하면 됩니다. 사람을 편견과 선입견으로 보지 않으면 됩니다. 쉽지 않겠지만 평등하게 바라보면 됩니다. 사람에 대한 사랑도 평등에 대한 사랑이기 때문입니다. 사람과의 관계에 대해 가장 함축적으로 나타낸 말이 있습니다. '길을 잃어도 사람은 잃지 마라!'

가능하다는 것은 믿음 때문입니다

의심은 오해와 불신을 만듭니다. 그래서 '사람을 의심하지 마라'고 했습니다. 의심이 시작되면 꼬리를 물고 늘어질 수도 있고, 그로 인해 타인과의 관계는 단절될 수 있습니다. 사랑한다는 말보다 말하지 않아 더 빛나는 것이 '믿음'이라고 했습니다.

"누구에게나 그늘이 되어주는 나무/그런 나무의 믿음을 가져야겠다/하늘 아래 살면서 외롭고/고독할 때/눈물을 펑펑 흘리며 울고 싶을 때/못 들은 척 두 귀를 막고 눈감아 주는 나무처럼/나도 내 몸에 그런 믿음을 가득 새겨야겠다."

임영석 시인의 시「믿음」에 대한 일부입니다.

잠시 지금 내가 믿고 있는 것을 의심해 보는 것도 좋은 생각입니다. 그 믿음이 어디서부터 생긴 것인지 생각하는 것도 좋습니다. 믿음이란 것은 고여 있는 물이 아닙니다. 흘러가는 강물 같은 것이라고 인식해도 나쁠 게 없습니다.

사람들은 근본적으로 진실과 거짓의 구분 자체를 포기하고 싶어 합니다. 자신이 믿고 싶은 것만을 믿으려는 사람들이 많습니다. 믿음으로 진실을 바꾸려는 사람들이 늘어날수록 진실은 흔적 뒤로 숨어 버리게 됩니다. 거짓은 진실의 탈을 쓴 채 우리의 의식 속에 깊이 잠재되어 있습니다. 이런 것들이 자신의 정체성 일부를 형성하면서 평생을 함께 살아가기도 합니다.

"삼밭에 한번 똥 싼 개는 늘 싼 줄 안다"는 속담이 있습니다. 삼밭에 똥을 누다 들킨 개는 얼씬만 하여도 쫓아낸다는 뜻입니다. 한번 잘못을 저질렀다가 사람들 눈에 띄면 늘 의심받게 된다는 말입니다.

사실 의심이 무작정 나쁜 것처럼 말하기도 합니다.

적당한 의심은 신뢰를 두텁게 하는 역할도 합니다. 의심하는 사안에 대해 걸리지 않는다는 것은 역으로 신뢰할 수밖에 없다는 의미이기 때문입니다. 하지만 그것도 적당하고 합리적인 의심에 해당할 때 가능합니다. 무작정 의심만 하는 것은 정보 습득과 인간관계 형성에 엄청난 방해가 될 뿐입니다.

자연스러움이란 세상을 공정하고 공평한 시선으로 본다는 것입니다. 자연스러움에 거슬리는 생각이나 말과 행위는 나에게 좋지 않은 영향을 끼칩니다. 반면에, 믿음이란 나와 내 주변을 통한 소통과 이해로 받아들여집니다. 마음을 낮추어서 보면 자연에서 주어지는 사랑이 빛으로 보이기도 합니다.

믿어야 할 것을 믿지 않거나 받아들이지 않을 땐 사회적인 활동이 불편할 수도 있습니다. 의심이 많을 땐 정신질환이나 피해망상의 성격장애가 나타날 수도 있습니다. 그로 인해 가까운 사람들과의 관계가 엉망이 될 수 있습니다. 특히 부부관계에서 의처증이나 의부증으로 관계가 파탄으로 가기도 합니다.

유언비어나 흑색선전이 인터넷을 통해 공개되면 상대방에게 치명적인 인권 침해를 일으키게 됩니다. 더불어 삶 자체를 구렁텅이로 빠트리게 만들 수도 있습니다. 결국 가해자나 피해자가 돌이킬 수 없는 나락으로 떨어질 수도 있습니다.

이런 의심을 동반한 거짓은 살아가면서 전혀 보탬이 안 됩니다. 절대적인 믿음 또한 다른 사람을 배척해 혼란에 빠트리는 경우도 생깁니다. 의심과 믿음은 상반된 결과를 초래할 수도 있지만 상호 보완 작용하기도 합니다. 하지만 믿음은 믿음으로서 의심보다 더 가치 있다는 것은 자명한 사실입니다.

윌리암 오슬로 경의 말을 흘려듣지 말아야 합니다.

"믿음이 없다면 사람은 아무것도 해낼 수가 없다. 그것이 있다면 모든 것은 가능하다."

배려는 진짜고 가짜는 두려움이다

중국 청도에 있는 찌모르 짝퉁 시장을 다녀온 적이 있습니다. 없는 게 없을 정도로 유명 브랜드의 상품을 버젓이 진열해 놓고 관광객을 불러들이고 있었습니다. 겉으로 보기엔 진짜와 구별이 쉽지 않았습니다. 기술이 나날이 발전하여 전문가도 눈치채지 못할 정도로 진짜 같은 가짜를 팔고 있었습니다.

진짜의 반대되는 말 중엔 가짜도 있고, 짝퉁도 있고, 모조품도 있고, 이미테이션도 있고, 모창도 있고, 사이비도 있습니다. 모조품과 짝퉁은 고급 브랜드의 상품을 모방하여 만든 가짜 상품을 속되게 이르는 말입니다. 이미테이션은 무언가를 흉내 낸다는 의미의 모방품입니다. 모창은 가수가 부른 노래 방식이나 그 태도를 흉내 내는 것을 말합니다. 이것 또한 가짜입니다. 사이비는 겉으로는 비슷하나 본질은 완전히 다른 가짜입니다.

가짜들은 때론 진짜와 구별하기 어렵고 진짜보다 더 진짜 같을 수도 있습니다. 하지만 가짜의 생명은 짧습니다. 유통기한이 길지 않습니다. 진실하지 않기 때문에 언젠가는 그 실체가 드러나게 됩니다. 가짜의 특성은 화려함으로 치장하기 쉽습니다. 진실을 감추기 위한 눈속임일 확률이 높습니다. 진짜로 보이기 위한 꾸밈이 작동하기 때문입니다. 그래서인지 어딘가 부자연스럽게 보일 수 있습니다. 그 반대로 진짜는 화려하지 않고 꾸밀 필요가 없습니다. 자연스러움에 진실이 담겨 있기 때문입니다.

장미숙 수필가의「가짜와 진짜」라는 작품에 이런 구절이 있습니다.

"가짜로 살아갈 것인가, 진짜로 살아갈 것인가는 정

답이 없는 시험지 같다. 상황에 따라 어떤 행동에 대한 가치는 스스로 판단할 일이기 때문이다. 가끔은 가짜로 살아가는 일이 편할 때도 있다. 상대방을 칭찬하고 추켜세워주다 보면 가짜의 얼굴에서 진짜를 발견하기도 한다."

아기가 진짜와 가짜를 구분하지 못하듯이 진짜와 가짜를 구분하지 못하는 경우가 종종 있습니다. 우리가 판단의 근거로 삼는 것들은 무의식으로 내면의 그림을 보는 경우입니다. 어떤 현상에 대해 어떤 그림으로 보고 있는지를 인식하는 것이 진짜와 가짜를 식별하는 지름길일 수도 있습니다.

요즘은 모방 기술이 대단합니다. 우리나라에도 가방과 신발은 물론, 모든 분야에 가짜가 존재합니다. 짝퉁, 위조지폐, 조화 같은 것들은 모두 진짜가 아닙니다. 가짜가 있지만 별로 가치 없는 것, 중요하지 않은 것에는 가짜가 없거나 있다고 해도 많지 않습니다. 그러나 중요하거나 가치가 높을수록 가짜가 많고 진짜와 구별하기 힘들게 만듭니다.

사람들도 마찬가지입니다. 가짜의 삶을 사는 사람은 내면에 열등감과 두려움이 가득 차 있습니다. 그래서 자신이 가진 것이 더 진짜처럼 보이도록 애씁니다. 그 애씀을 누가 알아주지 않아도 가짜를 가진 본인은 조마조마하고 고통스럽습니다. 진짜 아닌 것이 아무리 유사하고 정교하더라도, 시간이 지나면 곧 가짜임이 드러나듯이 말입니다.

사람과 사람 사이에도 진짜는 듣는 상대방에 대해 배려의 마음을 가집니다. 말하는 목적이 상대방을 이해시키려고 하기 때문입니다. 복잡한 것이라도 간단하게 표현하면서 자신의 힘을 쓰기 때문입니다.

진짜는 자신에게 누군가 질문을 던졌을 때 열린 마음으로 대합니다. 자신이 오래 생각했던 것이라도 틀릴 수 있음을 인정하고 있기 때문입니다. 누구라도 진짜와 싸워서 이길 수는 없습니다. 진짜는 싸움에 참여하지 않기 때문입니다. 가짜로 사는 것보다 진짜로 사는 것이 어렵고 힘들지는 몰라도 우린 그 선택에 망설이지 말아야 합니다.

이위발 산문집

송송한 인연

초판 1쇄 인쇄 2025년 12월 11일
초판 1쇄 발행 2025년 12월 18일

지은이 | 이위발
펴낸이 | 김석봉
디자인 | 헤이존
펴낸곳 | 문학의전당
등 록 | 제448_251002012000043호
주 소 | 충북 단양군 적성면 도곡파랑로 178
전 화 | 043_421_1977
이메일 | sbpoem@naver.com

ISBN 979_11_5896_727_7 03810

* 이 책은 2025년 경북문화재단 예술작품지원사업 보조금을 받아 발간되었습니다.